LES
SEPT PÉCHÉS CAPITAUX

— Première partie —

L'ORGUEIL

VI

L'ORGUEIL
LA DUCHESSE

LES SEPT PÉCHÉS CAPITAUX PAR E. SUE

PÉTION ÉDITEUR N° 11 RUE DU JARDINET.

I

Après un moment de silence et pendant que madame de Senneterre, pour ainsi dire, palpitait de fureur sous cette abominable révélation, à laquelle elle ne pouvait encore se décider à croire : — que son fils voulait épouser une maîtresse de piano vivant de ses leçons, M. de Maillefort reprit froidement, et comme si l'entretien précédent n'avait pas eu lieu :

Et chose singulière, à l'accent amer et courroucé de cette femme, succéda une sorte d'envieuse déférence pour le nouveau représentant de cette puissante famille.

— Mais, — reprit la mère de Gerald, — le prince-duc de Haut-Martel, qui vivait dans ses terres d'Allemagne depuis cette sotte révolution de 1850 ?

— Le prince-duc de Haut-Martel s'est noyé par imprudence, Madame... Et comme il n'avait ni frères ni enfants, et que je suis son cousin germain... il faut bien que j'hérite de son titre et de ses biens.

— Alors cet évènement est tout récent ?

— J'en ai reçu la première nouvelle... par M. l'ambassadeur d'Autriche... et hier, j'ai eu la confirmation officielle de ce fait.

— Ainsi, Monsieur, — dit madame de Senneterre avec une admiration jalouse. — Vous voilà... marquis de Maillefort, prince-duc de Haut-Martel...

— Tout autant... et sans me donner beaucoup de mal pour ça... comme vous voyez.

— Mais c'est magnifique, Monsieur! — s'écria cette malheureuse monomane, oubliant son fils, dont le désespoir pouvait aboutir au suicide... et ne songeant qu'à s'extasier devant une nouvelle et haute fortune nobiliaire... — mais vous êtes, à cette heure, un des plus grands seigneurs de France.

— Mon Dieu, oui, ça m'a poussé tout d'un coup, cette belle dignité-là... Et dire qu'hier j'étais tout simplement un fort bon gentilhomme... mais aujourd'hui... comme je suis changé!... hein?... Est-ce que vous ne trouvez pas ma bosse un peu diminuée depuis que vous me savez si grand seigneur?

— Monsieur, il n'est pas plus permis de plaisanter de la noblesse que de la religion.

— Certainement, il y a bien assez d'autres sujets de plaisanteries... Mais j'oubliais de vous dire que le prince-duc de Haut-Martel m'a laissé en Hongrie à peu près cinquante mille écus de rentes... liquides, en biens-fonds, toutes dettes payées...

— Cinquante mille écus de rentes ! Mais quoiqu'on ne sache pas au juste votre fortune, on vous dit déjà fort riche, Monsieur, — reprit madame de Senneterre avec une sorte de jalousie cupide.

— Peuh ! — fit le bossu, — je ne sais pas non plus bien au juste le chiffre de mes revenus... car mes fermiers... pauvres gens, ne me paient que lorsqu'ils le peuvent sans trop se ruiner ; mais enfin, les pires années, je boursicote toujours bien dans les environs d'une soixantaine de mille livres nets d'impôt et de non-valeurs... sans compter (ceci est pour l'honneur) que les gros bonnets électeurs de l'arrondissement où j'ai mes propriétés me font l'honneur de me proposer d'être leur député... une épizootie ayant dernièrement emporté leur vénérable représentant actuel; vous voyez que gloire et fortune tombent sur moi dru comme grêle.

— Alors, Monsieur, vous avez ainsi plus de deux cent mille livres de rente... et avec cela prince-duc de Haut-Martel...

— Et député... possible, s'il vous plaît! Notez cela.

— C'est une position superbe...

— Parbleu! Et avec ma figure et ma tournure je peux, n'est-ce pas? prétendre aux plus brillants partis. Dites donc, quel dommage que mademoiselle de Beaumesnil soit amoureuse d'un beau jeune homme; sans cela elle eût été fièrement mon fait.

Une idée subite traversa l'esprit de madame de Senneterre. Cette vaine et avide créature, après un moment de réflexion, regardant M. de Maillefort d'un air pénétrant, lui dit :

— Monsieur de Maillefort... je crois vous deviner...

— Voyons.

— La question que vous me posiez, m'avez-vous dit à propos de ce que je pensais de la maison de Haut-Martel, avait pour but une sorte de compensation au coup affreux qui me frappe dans la personne de mon indigne fils.

— En effet, j'ai dit cela... Madame... et c'est la vérité.

— Eh bien! maintenant que vous êtes le chef de cette grande maison... vous voulez sans doute qu'elle ne s'éteigne pas?

— Il y a du vrai..., là-dedans, — répondit le bossu, assez étonné de la pénétration de madame de Senneterre, quoiqu'il fût à mille lieues de se douter de la véritable pensée de la duchesse.

— Oui, — reprit-il, — je vous avoue, Madame, que j'aimerais assez que ce nom ne s'éteignît pas.

— Et comme vous savez qu'une jeune fille de haute naissance et d'une éducation pieuse, est seulement capable de porter ce grand nom et de comprendre les devoirs sacrés qu'elle aurait à remplir envers l'homme à qui elle devrait une simagnifique position... vous songez à ma fille aînée... et c'est ainsi que vous m'offrez une compensation au malheur que me cause le désordre de mon fils.

— Moi ! me marier ?

S'écria le bossu, encore plus révolté que

surpris de l'infâme proposition de madame de Senneterre...

Mais voulant savoir jusqu'où pouvaient aller l'aveuglement, la cruauté et la cupidité cynique de cette marâtre, il reprit en simulant un de ces refus qui ne demandent pas mieux que de se laisser vaincre...

— Moi ! songer à un tel mariage ! et d'ailleurs lors même que j'y songerais, serait-il possible ? Pensez-y donc, madame, à mon âge... et fait... comme vous voyez ? tandis que votre fille Berthe est charmante et n'a pas vingt ans ! Allons donc ! elle me rirait au nez et elle aurait raison.

— Vous vous trompez, Monsieur, — répondit gravement cette mère incomparable : — d'abord, mademoiselle de Senneterre a été élevée dans des habitudes de soumission et de respect dont elle ne se départira jamais... puis, elle sait qu'elle est pauvre, et que jamais elle ne rencontrerait une position pareille à celle que vous pouvez lui offrir.

— Mais, encore une fois, je suis vieux, je suis laid, je suis bossu comme un sac de noix !

— Monsieur le marquis, mes filles ont été élevées de telle sorte, qu'elles ne lèveront, pour ainsi dire, les yeux sur les maris que je leur choisirai, que lorsqu'elles reviendront de la messe nuptiale.

— Jolie surprise que vous ménageriez là,

ma foi, à la pauvre enfant qui m'épouserait !

— Je vous le répète, Monsieur le marquis, mes filles n'ont pas de ces indécentes imaginations qui vont jusqu'à oser apprécier charnellement un mari, je signifierai ma volonté à ma fille aînée, cela suffira...

— Je dirais à cette indigne mère l'horreur qu'elle m'inspire, — pensa le bossu, — qu'y gagnerais-je ? c'est une méchante et incurable folle, servons-nous plutôt de sa folie...

Et le marquis reprit tout haut, voyant madame de Senneterre attendre sa réponse avec une vive anxiété :

— Vous m'avez dit tout-à-l'heure, madame, et très sagement, qu'il ne fallait plaisanter, ni avec la noblesse, ni avec la religion, n'est-ce pas ?...

— Oui, Monsieur le marquis.

— Vous avouerez qu'il ne faut pas non plus plaisanter avec le mariage ?

— Non, certainement, Monsieur le marquis.

— Eh bien donc ! entre nous, votre désir de voir votre fille Berthe princesse de Haut-Martel, ne va rien moins qu'à vouloir bafouer cruellement la religion, la noblesse et le mariage, ces trois choses saintes... ainsi que vous les appelez.

— Comment cela, Monsieur?

— Mademoiselle de Senneterre outragerait le mariage et la religion... ou plutôt, et c'est bien pis, la nature et le Créateur, en jurant amour et fidélité à un vieux bossu comme moi... et, à mon tour, je me moquerais fort de la noblesse en général et des maisons de Senneterre et Haut-Martel en particulier, en m'exposant à perpétuer leur illustre lignée dans la personne d'affreux petits *boscos*... faits à mon image... Cela prouverait, sans doute, la résignation et la fidélité de ma femme, mais cela donnerait au monde la plus bouffonne opinion de nos grandes races historiques.

— Monsieur... le marquis... je...

— Je sais bien que vous allez me citer la bosse du prince Eugène... La mienne se tient probablement dans son for intérieur, extrêmement flattée de la comparaison; mais il ne faut pas, voyez-vous, ôter leur lustre à ces raretés-là, en les multipliant. Je vous sais un gré infini de votre offre, et mademoiselle Berthe me saura, de son côté, très grand gré de vous avoir refusé; mais il dépend cependant de vous... de réaliser l'alliance de nos deux *puissantes maisons*, comme vous dites, et d'empêcher mes deux cent mille livres de rente de sortir de votre famille... Je me hâte bien vite de vous dire que je suis trop convaincu de mon peu de mérite pour oser lever les yeux jusqu'à vous, madame la duchesse, — ajouta le bossu avec un profond et ironique salut. D'abord, je vous serais le plus détestable mari du monde... et puis, je n'ai aucune vocation pour le mariage.

— Vous n'avez pas besoin, Monsieur, d'aller avec tant d'empressement au-devant d'une proposition que l'on ne vous fait point, — répondit la duchesse de Senneterre, avec un dépit hautain. — Veuillez seulement vous expliquer plus clairement, car je ne saurais deviner des énigmes ; vous me parlez d'unir nos deux maisons, d'empêcher votre fortune de sortir de ma famille ; je ne comprends rien à cela.

— Entre nous et sans reproche, vous aviez été assez facile quant à l'alliance, lorsqu'il s'est agi du mariage de Gerald avec mademoiselle de Beaumesnil. Beaumesnil n'est qu'un nom de terre..., et le grand-père du feu comte, très galant homme d'alleurs, était simplement M. Joseph Vert-Puis, banquier puissamment riche.

— Je savais parfaitement, Monsieur, que, sous le rapport de l'alliance et de la naissance, mademoiselle Vert-Puis de Beaumesnil était moins que rien... mais...

— Mais les millions vous doraient un peu cette roture récemment anoblie..., n'est-ce pas? Néanmoins, quoique les millions doivent être, cette fois, en bien petit nombre, puisqu'ils se réduisent à quatre ou cinq, que diriez-vous d'un billet de faire-part ainsi conçu :

« *Monsieur le marquis de Maillefort, prince-duc de Haut-Martel, etc., etc., a l'honneur de vous faire part du mariage de mademoiselle Herminie de Haut-Martel avec Monsieur le duc de Senneterre.*

Madame de Senneterre, au comble de la surprise, regarda le bossu sans comprendre; il continua :

— Il serait dit et porté au contrat que les enfants mâles issus dudit mariage, porteraient le nom de *Senneterre-Haut-Martel*... Ce qui, j'imagine, sonnerait aussi bien que *Noailles-Noailles, Rohan-Rochefort* ou *Montmorency-Luxembourg*, et comme mademoiselle Herminie de Haut-Martel est fille unique et que je vis de peu, le jeune ménage aurait, en attendant ma mort, environ cinquante mille écus de rentes... pour porter dignement, comme vous le dites si bien, madame, cette double illustration.

— En vérité, Monsieur de Maillefort, je ne vous comprends pas du tout; vous n'avez jamais été marié et vous n'avez pas de fille.

— Non... mais qui m'empêche d'en adopter une, de lui donner mon nom, ma fortune?

— Personne, assurément... et cette jeune fille, que vous adopteriez... quels sont ses parents.

— Elle est orpheline... et, comme je vous

l'ai dit... elle est maîtresse de piano, et vit de ses leçons...

— Comment? s'écria madame de Senneterre, — cette fille dont Gerald est affolé! cette créature...

— Assez, madame, — dit sévèrement le marquis, — je ne tolère pas que l'on parle ainsi d'une jeune personne que j'honore, que j'aime, que j'estime assez... pour lui donner mon nom...

— Soit... monsieur, mais ce que vous m'apprenez, est si étrange...

— Va pour étrange... Acceptez-vous, oui ou non?

— Accepter!... monsieur? accepter pour ma belle-fille... une personne... qui aura donné des leçons de piano pour vivre?

— Cette susceptibilité est héroïque... assurément; — mais je vous ferai remarquer que votre fils n'a rien ou peu de chose, et que mademoiselle Herminie de Maillefort, qui a eu l'indignité de vivre honnêtement, vaillamment de son travail, apporte à M. de Senneterre, deux cent mille livres de rentes et l'alliance de la maison de Haut-Martel. Enfin, j'ajouterai pour mémoire que, si vous refusez... votre fils se tuera... Je sais bien que vous aimeriez mieux le voir mort que mésallié... car la mère des Gracques n'est rien du tout auprès de vous pour le stoïcisme... mais il ne s'en suivra pas moins que la maison de Senneterre s'éteindra dans votre fils par le plus déplorable éclat... ce qui est, je crois, pis encore qu'une mésalliance... surtout... lorsqu'un *Senneterre* se mésallie avec une *Maillefort de Haut-Martel.*

— Mais, monsieur... l'on saura bien que cette personne n'est que votre fille d'adoption.

— Tout ce que je puis vous dire, madame, c'est que je ne me serais jamais fait à moi-même une fille ni plus tendre, ni plus belle, ni plus vraiment noble!

Vous la connaissez donc... beaucoup?...

— Vous me faites, en vérité, madame, la plus singulière question du monde! Voyons, croyez-vous que moi... tel que vous me connaissez, je donnerais mon nom... à une personne qui n'honorerait pas ce nom?

— Mais enfin, monsieur, — s'écria madame de Senneterre d'un ton de récrimination douloureuse, — rien au monde ne pourra faire que votre fille adoptive n'ait été quelque chose... comme... artiste?

— Ma fille adoptive aura eu en effet l'inconvénient d'être et d'avoir été une artiste du plus rare talent, c'est déplorable... j'en souffre... j'en pleure... j'en gémis... Mais, hélas! vous savez le proverbe : *la plus belle fille du monde...*

— Et... sa clientelle... est-elle dans votre société?

— Elle est trop orgueilleuse pour cela... non pas notre société... mais Herminie de Maillefort...

— Mon Dieu, marquis... vous me jetez dans un embarras... dans une perplexité...

— Je vais, je crois, madame, mettre un terme à ces embarras. Écoutez-moi bien, — reprit M. de Maillefort, non plus avec ironie, mais d'une voix ferme et sévère, — je vous déclare... moi... que si vous refusez votre consentement, je vais trouver Herminie, je lui apprends ce que j'ai l'intention de faire pour elle, et je lui prouve que, si pauvre, sans nom, et craignant de paraître s'imposer à la famille de Senneterre, par ambition ou par cupidité, elle devrait, pour sa propre dignité, exiger de vous, madame, une démarche auprès d'elle ; la fille adoptive de M. de Maillefort, en apportant un grand nom et deux cent mille livres de rentes à M. de Senneterre, ne doit plus avoir les mêmes scrupules... que la jeune artiste. Comme Herminie adore Gerald, et que mon conseil sera plein de sens, elle m'écoutera; votre fils vous fera les sommations voulues, et tout sera dit.

— Monsieur...

— Sans doute il en coûtera beaucoup à Gerald de se passer de votre consentement, car il vous aime... aveuglément, c'est le mot; mais, pour lui épargner tout remords, je lui répéterai vos paroles, Madame : *J'aime mieux voir mon fils mort que mésallié.* Paroles atroces ou plutôt insensées, lorsque je vous affirmais, moi, que Gerald ne pouvait aimer une personne plus honorable... que celle qu'il a choisie.

— Monsieur, vous ne voudrez pas semer la discorde entre mon fils et moi.

— Avant tout, j'assurerai le bonheur et le repos de Gerald, puisque vous êtes assez opiniâtre pour vouloir le sacrifier à des préjugés absurdes.

— Monsieur, cette expression...

— A des préjugés d'autant plus absurdes, Madame, qu'après l'adoption que je propose, il n'ont plus même de prétexte... Un dernier mot... Si vous avez le bon sens maternel de préférer vivre en paix et en affection avec votre fils, et vous épargner, ainsi qu'à lui, un éclat fâcheux, vous vous rendrez demain chez Herminie... toutes informations sur cette jeune personne vous étant parfaitement inutiles après ce que je fais pour elle...

— Moi, Monsieur, aller la première chez cette personne?

— Il faudra vous dégrader jusque-là... dégradation d'autant plus terrible, qu'Herminie, pour des raisons à moi connues, devra ignorer que je l'adopte... jusqu'après votre démarche; ce sera donc tout bonnement à mademoiselle Herminie, maîtresse de piano, que vous irez dire que vous consentez à son mariage avec Gerald...

— Jamais, Monsieur, je ne m'abaisserai à une telle démarche...

— Songez que cette démarche n'a rien d'humiliant, et que personne n'en sera témoin, sinon moi, qui me trouverai chez Herminie...

— Je vous dis, Monsieur, que c'est impossible... jamais je ne m'exposerai à une pareille humiliation.

— Alors, Madame, au lieu de vous faire adorer de votre fils, en consentant à une chose que vous ne pouvez empêcher, Gerald aura la mesure de votre tendresse pour lui, et l'on se passera de votre consentement.

— Mais enfin, Monsieur, vous ne pouvez exiger que je prenne ainsi... en un instant... une détermination de cette gravité.

— Soit, Madame, je vous accorde jusqu'à demain midi; je viendrai savoir votre réponse... et si elle est conforme à la raison... à la véritable affection maternelle... je vous devancerai de quelques instants chez Herminie, afin de me trouver chez elle lors de votre arrivé... Sinon je vous déclare qu'avant six semaines votre fils est marié.

Ce disant, le marquis salua madame de Senneterre et sortit.

— Je n'en doute pas, — se dit-il, — cette malheureuse folle... fera la démarche que j'exige d'elle, car sa cupidité, son ambition, sont flattées de ce mariage, et lui feront oublier l'inconvénient de l'adoption... Puis enfin, par une de ces contradictions malheureusement fréquentes dans notre pauvre nature, cette femme qui, dans son entêtement farouche et stupide, pousserait son fils au suicide, est aussi jalouse de son attachement, que si elle était la plus sage, la plus tendre des mères... elle comprendra quelle adoration Gerald aura pour elle, si elle paraît librement consentir à son mariage... et elle viendra chez Herminie.

Mais, hélas! ce ne serait pour moi que partie à moitié gagnée, — se dit encore le bossu, Herminie, dans son orgueil, acceptera-t-elle d'être ma fille d'adoption, en sachant les avantages que cette adoption lui apporte, et qui ont seuls décidé madame de Senneterre?... je crains que non... Ne l'ai-je pas vue, cette orgueilleuse fille, presque blessée de ce qu'Ernestine lui offrait, non de partager son opulence, mais de rester auprès d'elle, en abandonnant ses leçons?... Et pourtant, elle sait peut-être qu'Ernestine est sa sœur, car je n'en doute plus... Herminie est et sait être la fille de madame de Beaumesnil.

« Avec cette susceptibilité fière, encore une fois, Herminie acceptera-t-elle mes offres? Je suis loin d'en être certain, quoique j'aie dû dire à la mère de Gerald, afin de la décider en l'effrayant : c'est pour cela que j'aurais préféré l'amener à ce mariage, sans recourir, pour le moment du moins, à l'adoption... mais c'était impossible : madame de Senneterre aurait vu son fils se tuer de désespoir plutôt que de consentir à sa *mésalliance* avec une pauvre fille sans nom et sans fortune; enfin, que j'obtienne seulement que madame de Senneterre fasse la démarche que j'exige auprès d'*Herminie, orpheline et maîtresse de piano*... nous verrons ensuite...

« Allons maintenant chez M. de la Rochaiguë... après ma fille Herminie... ma fille Ernestine. Il s'agit de tomber à l'improviste chez ce malencontreux baron: car, dans l'exaspération où il est contre moi... depuis que j'ai ruiné ses espérances de pairie, en démasquant ce misérable Mornand, il éviterait à tout prix de me recevoir... mais grâce à Ernestine, je pourrai le surprendre, et heureusement pour mes desseins, il est encore plus sot que méchant.

M. de Maillefort remontant dans sa voiture, se fit conduire chez M. de la Rochaigue.

II

M. de Maillefort ayant demandé à la porte de l'hôtel de la Rochaiguë, mademoiselle de Beaumesnil, fut bientôt introduit chez Ernestine.

— Eh bien? — lui dit-elle, dès qu'elle l'aperçut, et courant à sa rencontre, — avez-vous quelques bonnes nouvelles pour Herminie, monsieur de Maillefort?

— J'espère un peu...

— Quel bonheur... Puis-je, lorsque tantôt je verrai Herminie, lui dire ce que vous m'apprenez?

— Oui... dites-lui d'espérer, mais... pas trop... et comme vous vous oubliez vous-même, ma chère enfant... j'ajouterai que j'ai les meilleures informations sur M. Olivier...

— Ah!... j'en étais bien certaine.

— J'ai même appris une particularité assez curieuse... c'est qu'en utilisant le temps de son congé pour venir en aide à son oncle, il est allé dans votre terre de Beaumesnil, près de Luzarches, pour quelques travaux.

— M. Olivier? en effet... c'est bizarre...

— Et cette circonstance... m'a donné une idée... que je crois bonne, car bien que, maintenant, je sois persuadé, comme vous, que vous ne pouviez faire un plus digne et meilleur choix... cependant...

— Cependant ?

— La chose est si grave... que j'ai pensé à une dernière épreuve...

— Sur M. Olivier ?

— Oui... Qu'en pensez-vous ?

— Faites-la, monsieur de Maillefort, je ne crains rien pour lui.

— Et d'ailleurs, de cette épreuve vous serez témoin... ma chère enfant; si M. Olivier y résiste, vous devrez être la plus fière, la plus heureuse des femmes, et il n'y aura plus de doute possible sur le bonheur de votre avenir... S'il y succombe, au contraire, hélas! ce sera une nouvelle preuve que les plus nobles caractères cèdent parfois à certaines tentations. Puis enfin, cette épreuve aurait un résultat des plus importants.

— Et lequel?

— Après cette épreuve, M. Olivier ne pourrait plus avoir le moindre scrupule à épouser *la plus riche héritière de France*; et vous savez, mon enfant, combien cette question de délicate susceptibilité nous inquiétait.

— Ah! Monsieur, vous êtes notre bon génie.

— Attendez encore un peu, mon enfant, avant de voir en moi un demi-dieu... Maintenant, autre chose. Il y a, m'avez-vous dit, un escalier de service donnant près de votre appartement et qui monte jusque chez votre tuteur ?

— Oui, Monsieur, c'est par cet escalier qu'il reçoit le matin quelques amis intimes que l'on n'annonce jamais...

— C'est à merveille, je vais passer par là ni plus ni moins qu'un *ami intime*, et causer une étrange surprise au baron... Conduisez-moi, mon enfant.

Ernestine précéda le marquis.

Au moment où elle traversait la chambre de madame Lainé, elle dit au bossu :

— J'ai toujours oublié de vous apprendre, monsieur de Maillefort, comment j'avais pu sortir à l'insu de mon tuteur, afin d'aller au bal de madame Herbaut. Cette porte que vous voyez, conduit à un autre escalier dérobé qui descend dans la rue... la porte était condamnée depuis longtemps, mais ma gouvernante était parvenue à l'ouvrir, et c'est par là que nous sommes sorties et rentrées...

— Et cette porte a-t-elle été de nouveau condamnée? — demanda le bossu, qui parut frappé de cette circonstance.

— Ma gouvernante m'a dit l'avoir fermée en dedans.

— Ma chère enfant... votre gouvernante est une misérable... elle a favorisé votre sortie mystérieuse de cette maison et vos longues visites à Herminie; vous eussiez agi dans un but répréhensible qu'elle vous eût obéi de même; vous ne devez donc avoir aucune confiance en elle.

— Je n'en ai aucune, monsieur de Maillefort; dès que je le pourrai, mon intention est de payer largement, selon ma promesse, la discrétion de madame Lainé, et de la renvoyer.

— Cette porte... qui donne chez vous un si facile accès, et qui est à la disposition de cette femme... me semble une chose mauvaise, — dit le bossu en réfléchissant: — il faudra dès aujourd'hui prévenir votre tuteur que vous avez par hasard découvert cette issue... et que vous le priez, pour plus de sûreté, de la faire mûrer... au plus tôt, sinon, lui demander à changer d'appartement.

— Je ferai ce que vous désirez, Monsieur; mais quelles craintes pouvez-vous avoir à ce sujet?

— Des craintes fondées, je n'en ai aucune, ma chère enfant : c'est d'abord une mesure de convenance que de faire murer cette porte, et ensuite une mesure de prudence. Que rien en cela ne vous effraie... Allons, au revoir, je monte chez votre tuteur; puissé-je avoir de bonnes nouvelles à vous donner bientôt.

Quelques instants après, M. de Maillefort arrivait au second étage, sur un petit palier;

à la serrure d'une porte qui lui faisait face, il vit une clé, entra, suivit un corridor, ouvrit une seconde porte et se trouva dans le cabinet de M. de la Rochaiguë.

Celui-ci, tournant le dos au marquis, lisait dans un journal le rendu-compte de la séance de la chambre des pairs ; en entendant ouvrir la porte il tourna la tête et vit le bossu qui, allègre, dégagé, lui fit un signe de tête des plus affectueux, en lui disant :

— Bonjour, cher baron, bonjour...

M. de la Rochaiguë ne put d'abord répondre un mot.

Renversé dans son fauteuil, continuant de tenir son journal entre ses deux mains crispées, il restait immobile, béant, attachant sur le marquis des yeux arrondis par la surprise et la colère.

— Vous le voyez... baron, j'agis en intime.. je profite des petites entrées, — continua le bossu du ton le plus enjoué, et en avançant, pour s'y asseoir, un fauteuil près de la cheminée.

M. de la Rochaiguë devint pourpre de courroux; mais comme il avait grand'peur du marquis, il se contint, et dit en se levant brusquement :

— Il est incroyable... inouï, exorbitant, que... je sois forcé d'avoir l'honneur de vous recevoir chez moi, Monsieur... après la scène de l'autre jour... et... je...

— Mon cher baron, permettez... je vous

aurais demandé un rendez-vous... que vous me l'auriez refusé... n'est-ce pas?

— Oh! bien certainement, Monsieur... car...

— J'ai donc pris le bon parti... celui de vous surprendre... Maintenant, faites-moi la grâce de vous asseoir... et causons un peu en amis.

— En amis! vous osez parler ainsi, Monsieur, vous, qui, depuis que j'ai le malheureux avantage de vous connaître, m'avez poursuivi de sarcasmes... que d'ailleurs je n'accepte pas et que je vous renvoie de toutes mes forces, — ajouta le baron avec une convenance toute parlementaire. — Un ami? Vous, Monsieur! vous qui dernièrement encore, pour combler la mesure...

— Mon cher baron, — dit le bossu en interrompant de nouveau M. de la Rochaiguë, — connaissez-vous un charmant vaudeville de M. Scribe... intitulé *la Haine d'une femme ?*

— Monsieur... je ne vois pas quel rapport...

— Vous allez le voir, mon cher baron dans ce vaudeville une jeune et jolie femme semble poursuivre de sa haine... un jeune homme... qu'au fond... elle adore...

— Eh bien ! après, Monsieur ?

— Eh bien ! mon cher baron... à cette différence près, que vous n'êtes pas un jeune homme, et que je ne suis pas une jolie femme qui vous adore, ma position à votre endroit... est absolument la même... que celle de la jolie femme du vaudeville de M. Scribe.

— Encore une fois, Monsieur, je...

— Mon cher baron, une seule question : êtes-vous un homme politique, oui ou non ?

— Monsieur...

— Oh! il ne s'agit pas ici de faire de fausse modestie, mais de me répondre en conscience. Vous sentez-vous, oui ou non, un homme politique ?

A ces mots, qui caressaient délicieusement son *dada* favori, le trop faible baron, oubliant ses ressentiments, gonfla ses joues, mit sa main gauche sous le revers de sa robe de chambre, pendant qu'il gesticulait de la main droite, et prenant une pose parlementaire, il répondit majestueusement en s'écoutant parler avec une religieuse attention :

— Si les études les plus approfondies, les plus étendues, les plus consciencieuses sur l'état intérieur et extérieur de la France;... si une certaine facilité oratoire et l'amour sacré de la patrie constituent l'homme politique... certes... j'aurais quelque prétention à jouer ce rôle... oui; et sans vous, Monsieur, sans votre inconcevable sortie contre M. de Mornand... je le jouais, ce rôle! — s'écria le baron avec un redoublement d'amertume et d'indignation.

— Il est vrai, mon cher baron, et je vous avouerai que c'est avec un bonheur inouï que, faisant d'une pierre deux coups... j'ai empêché M. de Mornand, âme basse, vénale et corrompue, d'épouser votre pupille, et que je vous ai empêché d'être pair de France.

— Oui, de satisfaire ma *ridicule ambition...* car vous me l'avez dit en face, Monsieur, et je repousse de toute mon énergie cette injurieuse insinuation ! Mon ambition n'était en rien ridicule... Monsieur.

— Elle l'était de tous points, mon cher baron !

— Ah ! çà, Monsieur, venez-vous ici pour m'injurier ?

— Savez-vous pourquoi votre ambition

était ridicule, déplacée, mon cher baron? parce que vous ambitionniez un milieu... où votre valeur politique eût été complètement annihilée... perdue.

— Comment! Monsieur... c'est vous qui parlez à présent de ma valeur politique... lorsque vous m'avez toujours poursuivi de vos épigrammes?

— *La haine d'une femme...* mon cher baron... *la haine d'une femme.*

Et comme M. de la Rochaiguë regardait le bossu d'un air ébahi.

— Vous n'êtes pas sans savoir, mon cher baron, — reprit M. de Maillefort, — que nous appartenons... à la même opinion?

— Je l'ignorais, Monsieur... mais cela ne m'étonne pas... les gens d'une certaine position doivent être les représentants nés, immuables, permanents, des traditions du passé.

— C'est pour cela que je m'indignais d'autant plus de la direction que vous donniez à votre conduite politique en sollicitant la pairie, mon cher baron.

— Savez-vous, Monsieur, — dit M. de la Rochaiguë en écoutant M. de Maillefort avec un intérêt croissant, — savez-vous que vous m'étonnez considérablement, infiniment, énormément ?

—Mon Dieu ! disais-je, que ce malheureux monsieur de la Rochaiguë est donc aveugle... ou mal conseillé! Il veut avec raison faire revivre les traditions du passé, et, il faut le dire, il a tout ce qu'il faut pour cela... naissance, talent, hautes vues gouvernementales, antécédents purs de tous engagements...

En entendant commencer l'énumération de ses qualités politiques, M. de la Rochaiguë avait commencé par sourire imperceptiblement, mais lorsque le bossu s'arrêta pour reprendre haleine, les longues dents du baron étaient complètement à découvert.

S'apercevant de ce symptôme de satisfaction intérieure, le marquis poursuivit:

— Et où le baron va-t-il enfouir tant d'excellents avantages? où? à la chambre haute, qui regorge d'aristocraties?... Aussi, qu'arrivera-t-il? Malgré sa valeur, ce malheureux baron sera noyé; on le croira nécessairement un *rallié*, puisque c'est à la faveur qu'il devra sa position politique, alors la franchise énergique, la... (passez-moi le mot, baron), la brutalité de sa fougue oratoire sera emprisonnée par les convenances de toutes sortes.

— Mais, Monsieur, — s'écria le baron d'un ton de reproche courroucé, — pourquoi me dire cela si tard?

Le bossu continua sans paraître avoir entendu M. de la Rochaiguë :

— Quelle différence, au contraire, si ce malheureux baron était entré dans la car-

rière politique par la chambre des députés !
Il n'arrivait plus là par la faveur, il y arrivait
par la libre élection... par le vœu populaire !... Alors, quelle force ne prenaient
pas ses paroles, à lui, l'énergique et fidèle
représentant des traditions du passé !... On
ne pouvait plus lui dire : — Votre opinion
est celle de la classe privilégiée, à laquelle
vous appartenez, rien de plus ; — car le baron
répondait : — Non, cette opinion est celle de
la nation... puisque la nation m'envoie ici !

— Mais c'est vrai, Monsieur, c'est excessivement vrai, ce que vous dites là... Mais, encore une fois, pourquoi me dire cela si tard ?

— Comment, pourquoi ! baron ? Parce que
vous me témoigniez toujours une défiance...
une antipathie fort désagréables. Avouez-le.

— C'est vous, au contraire, marquis! Vous sembliez vous acharner après moi.

— Je le crois bien... car je me disais : ah! le baron est assez aveugle pour perdre l'occasion de jouer un si beau rôle! Pardieu... il en portera la peine : je le poursuivrai sans relâche... à quoi je n'ai pas manqué... Puis le moment est venu de vous empêcher de faire la plus énorme folie... et je vous en ai empêché.

— Mais, marquis, permettez...

— Mais, que diable! Monsieur, vous ne vous appartenez pas... vous appartenez à votre parti, et le tort que vous vous faites à vous-même rejaillit sur les gens de votre opinion; après tout, vous n'êtes qu'un égoïste!

— Monsieur, un mot... un seul mot.

— Un ambitieux qui préférez devoir votre position plutôt à la faveur... qu'à l'élection populaire.

— Eh! Monsieur... vous en parlez bien à votre aise, de l'élection populaire? Croyez-vous donc qu'une tribune quelconque soit d'un si facile accès, même avec une certaine valeur politique?... Et en parlant ainsi de moi, je ne fais que répéter vos paroles. Vous ignorez donc que voilà dix ans que je poursuis la pairie... Monsieur!!!

— Bah! si vous le vouliez... avant un mois vous seriez député...

— Moi!

— Vous... baron de la Rochaiguë.

— Moi? député... ce serait magnifique, marquis... car vous avez ouvert à mes idées un champ vaste, immense... infini; mais, encore une fois, député, comment cela?

— Figurez-vous, baron, que la majorité des électeurs de l'arrondissement où j'ai mes propriétés... ayant un député à élire, ont imaginé de se réunir, et de m'offrir de les représenter...

— Vous, monsieur le marquis?

— Moi, en personne; jugez un peu de l'idée que l'on se ferait de ces gaillards-là... d'après leur représentant?... On se figurerait, en me voyant, que je suis mandataire d'une colonie fondée par Polichinelle.

Cette saillie du marquis excita l'hilarité du baron, qui la témoigna en montrant de nouveau ses longues dents à plusieurs reprises.

— Si encore mon arrondissement était *un pays de montagnes,* — ajouta le marquis en indiquant sa bosse d'un geste railleur, afin d'entretenir le baron dans sa belle humeur, — mon élection aurait du moins un sens...

— En vérité, marquis, — dit M. de la Rochaiguë, dont l'hilarité redoublait, — vous faites les honneurs de vous-même avec une bonne grâce... un esprit...

— Eh! mon cher baron, criez donc : vive

ma bosse! car vous ne savez pas tout ce que vous lui devrez peut-être!... que dis-je?... tout ce que notre opinion lui devra.

— Moi... notre opinion... nous devrons quelque chose à votre...— et le baron hésita, — à votre... à votre gibbosité?

— Gibbosité est merveilleusement parlementaire, baron... vous êtes né pour la tribune... et, comme je vous le disais, si vous le voulez, vous êtes député avant un mois...

— Mais encore une fois, marquis, expliquez-vous, de grâce.

— Rien de plus simple : soyez député à ma place.

— Vous plaisantez?

— Pas du tout ! je ferais rire la chambre, vous la captiverez ; notre opinion y gagnera, je m'engage à vous présenter à deux ou trois délégués de mes électeurs, qui, depuis des années, ont forcément la majorité dans ce collège, et je vous ferai accepter par eux à ma place... Aujourd'hui je leur écris ; après-demain ils seront ici par le chemin de fer, et le surlendemain les paroles sont données, la chose faite.

— En vérité, marquis, je ne sais si je rêve ou si je veille... vous que j'avais jusqu'ici mon ennemi...

— *La haine d'une femme,* baron, ou, si vous l'aimez mieux, *la haine d'un ami politique.*

— C'est à n'y pas croire ?

— Seulement, mon cher baron, par cela même que j'ai ruiné vos absurdes projets de pairie, tout en vous empêchant (sans reproche) de marier votre pupille à un misérable, je tiens à vous faire député en la mariant à un digne jeune homme qu'elle aime et qui l'aime.

A ces mots, M. de la Rochaiguë fit un bond sur sa chaise, jeta sur le marquis un regard soupçonneux et lui répondit froidement :

— Monsieur le marquis... j'étais votre jouet, j'ai donné, comme un sot, dans le piège.

— Quel piège, mon cher baron?

— *Votre haine d'une femme*, cette prétendue colère que vous inspirait la mauvaise direction de ma ligne politique, vos louanges, vos propositions de me faire député à votre place, tout cela cachait une arrière pensée, heureusement je la devine... je la démasque... je la dévoile.

— Vous serez infailliblement ministre des affaires étrangères, baron, si vous témoignez toujours d'une perspicacité pareille !

— Trêve de plaisanterie, Monsieur.

— Soit, mon cher Monsieur, de deux choses l'une... ou je me suis moqué de vous... en paraissant prendre au sérieux vos prétentions politiques... ou je vois sincèrement en vous l'étoffe d'un homme d'État : choisissez une des deux hypothèses ; c'est pour vous une affaire de conscience. Maintenant, réduisons la chose à sa plus simple expression : votre pupille a fait un choix excellent, je vous le démontrerai ; consentez à son mariage, et je vous fais élire député, voici le beau côté de la médaille.

— Ah !... il y a deux côtés ? — fit le baron en ricanant.

— Naturellement. Je vous ai montré le beau, voici le vilain : Vous avez indignement abusé, vous, votre sœur et votre femme... de la tutelle qui vous a été confiée...

— Monsieur !...

— J'ai des preuves... Tous trois vous avez tramé ou favorisé d'odieuses intrigues, dont mademoiselle de Beaumesnil devait être victime... De tout cela, j'ai des preuves, je vous le répète, et mademoiselle de Beaumesnil elle-même se joindra à moi pour dévoiler ces menées de vous et des vôtres.

— Et à qui, Monsieur, fera-t-on cette belle dénonciation, s'il vous plaît?

— A un conseil de famille dont mademoiselle de Beaumesnil demandera la convocation immédiate... Le résultat de cette mesure, vous la devinez : votre forfaiture avérée... la tutelle d'Ernestine vous est enlevée.

— Nous verrons, Monsieur, nous verrons!

— Certainement, vous serez, pour voir cela... placé le mieux du monde ; maintenant choisissez, consentez au mariage et vous êtes député.... Refusez, la tutelle vous est

enlevée avec un tel éclat, un tel scandale...
que vos vues ambitieuses sont à jamais détruites.

— Ainsi, monsieur le marquis, — répondit le baron avec une ironie amère, — vous m'accusez d'avoir voulu marier ma pupille dans un intérêt personnel, et vous venez me proposer de faire justement ce que vous m'avez reproché?

— Mon cher Monsieur, votre comparaison n'a pas le sens commun; vous vouliez marier votre pupille à un misérable... moi, je veux la marier à un homme d'honneur. Et je mets un prix à votre consentement, parce que vous m'avez prouvé qu'il fallait mettre un prix à votre consentement.

— Pourquoi cela, Monsieur, si le parti que vous proposez pour mademoiselle de Beaumesnil est et me paraît sortable ?

— Le parti que je propose... et que mademoiselle de Beaumesnil désire, est honorable à tous égards.

— Réunit-il les conditions de fortune, de position sociale... de...

— Il s'agit d'un sous-lieutenant sans nom, sans fortune, et qui est le plus galant homme que je connaisse. Il aime Ernestine, il en est aimé. Qu'avez-vous à objecter ?

— Ce que j'ai à objecter ? Un homme de rien, qui n'a que la cape et l'épée, épouser *la plus riche héritière de France*... Allons donc, jamais je ne consentirai à un mariage aussi disproportionné ; au moins, M. de Mornand avait la perspective de devenir ministre, ambassadeur... président du conseil, Monsieur.

— Vous voyez donc bien, mon cher Monsieur, qu'il faut que je vous force la main en mettant un prix à votre consentement.

— Mais selon vous, Monsieur, en agissant ainsi par intérêt, je fais une chose !...

— Honteuse... Mais peu m'importe, pourvu que le bonheur d'Ernestine soit assuré.

— Et c'est moi, capable d'une chose honteuse, que vous osez proposer à vos électeurs ! — s'écria le baron triomphant ; — c'est ainsi que vous voulez abuser de leur confiance en politique en leur donnant, comme représentant... de notre opinion, une personne que...

— D'abord... mes électeurs sont des imbéciles, mon cher Monsieur; je n'ai nullement brigué leur suffrage. Ils se sont imaginé que, parce que j'étais marquis, je devais être partisan fanatique du trône et de l'autel comme leur député défunt. Ils m'ont dit qu'en cas de refus, ils me priaient de leur désigner quelqu'un qu'ils acceptaient d'avance... Je leur désigne un candidat de leur opinion et parfaitement capable de les représenter (ce n'est pas vous louer, mon cher Monsieur, que de vous dire que vous valez au moins leur défunt député); le reste les regarde ; car je n'ai pas besoin de vous dire que tout-à-l'heure je plaisantais en vous parlant de notre conformité d'opinion ; c'était un moyen d'arriver à l'offre que je vous ai faite et que je vous réitère. Maintenant, vous me demanderez peut-être pourquoi, ayant la conviction de pouvoir vous faire retirer la tutelle de mademoiselle de Beaumesnil, je ne le fais pas tout d'abord ?

— Oui, Monsieur, je vous adresserai cette simple question, — dit le baron de plus en plus accablé.

— Ma réponse sera bien simple, mon cher Monsieur, je ne crois pas que, parmi les personnes à qui serait confiée cette tutelle, il y ait un homme d'assez de cœur et d'esprit pour comprendre que *la plus riche héritière de France* peut épouser un galant homme, sans nom et sans fortune... Or, comme j'aurais difficilement sur un autre tuteur le moyen d'action que j'ai sur vous, ce changement de tutelle ne peut qu'être défavorable à mes projets, quoiqu'il vous porte un coup irréparable... Maintenant, réfléchissez et choisissez; demain, je vous attendrai chez moi avant dix heures.

Et le marquis sortit, laissant M. de la Rochaiguë dans une pénible perplexité.

III

C'était le surlendemain du jour où M. de Maillefort avait eu tour à tour une entrevue avec madame de Senneterre et M. de la Rochaiguë.

Herminie, seule chez elle, semblait en proie à une vive anxiété; bien souvent elle interrogea sa petite pendule d'un regard impatient ; tressaillant au moindre bruit, elle tournait parfois sa tête du côté de la porte.

On lisait sur la physionomie de *la duchesse* une angoisse égale à celle qu'elle avait ressentie quelque temps auparavant, en attendant de minute en minute le terrible M. Bouffard.

Et pourtant... ce n'était pas la visite de M. Bouffard, mais celle de M. de Maillefort, qui causait l'agitation de la jeune fille.

Les fleurs de la coquette petite chambre d'Herminie venaient d'être renouvelées, ainsi que les rideaux de mousseline des fenêtres ouvertes, derrière lesquelles les persiennes vertes donnant sur le jardin étaient fermées.

La duchesse semblait *avoir fait son ménage* avec encore plus de soin que de coutume : elle avait mis sa plus belle robe, une robe de lévantine noire montante, avec un col et des manchettes tout unies d'une blancheur éblouissante.

Herminie, seulement parée de ses magnifiques cheveux blonds, brillants des plus doux reflets, n'avait jamais été d'une beauté plus noble et plus touchante ; car, depuis quelque temps, son visage avait pâli sans rien perdre de son éblouissant éclat.

La duchesse venait encore de prêter l'oreille du côté de la porte, lorsqu'elle crut entendre un léger bruit de pas derrière les persiennes fermées qui donnaient sur le jardin, elle allait se lever pour éclaircir ses doutes, lorsque la clé de sa porte tourna dans la serrure ; et madame Moufflon introduisit M. de Maillefort.

Celui-ci, à peine entré, dit à la portière :

— Dans quelques instants une dame viendra demander mademoiselle Herminie...., vous l'introduirez.

— Oui, Monsieur, — répondit madame Moufflon en se retirant.

En entendant ces mots du marquis :

Une dame viendra demander mademoiselle Herminie.

La jeune fille s'avança vivement auprès de M. de Maillefort, et lui dit:

— Mon Dieu !... Monsieur... cette dame... qui doit venir ?...

—*C'est elle !* — répondit le marquis rayonnant de joie et d'espérance, — oui... elle va venir.

Puis voyant Herminie pâlir et trembler de tous ses membres, le bossu s'écria :

— Mon enfant... qu'avez-vous ?...

—Ah ! Monsieur,... — dit *la duchesse* d'une voix faible, — je ne sais, mais maintenant... j'ai peur...

Peur... lorsque madame de Senneterre vient faire auprès de vous... cette démarche inespérée.... que vous avez si dignement exigée ?

— Hélas! Monsieur, à cette heure seulement... je comprends la témérité... l'inconvenance, peut-être, de mon exigence.

— Ma chère enfant! — s'écria le bossu avec la plus vive inquiétude, — pas de faiblesse, vous perdriez tout..... Soyez envers madame de Senneterre ce que vous êtes naturellement : modeste sans humilité..... digne sans arrogance, et cela ira bien.... je l'espère...

— Ah! Monsieur, lorsque hier... vous m'avez fait entrevoir la possibilité de la visite de madame de Senneterre..... je croyais éprouver une joie folle si cette espérance se réalisait... et, à cette heure, je ne ressens que frayeur et angoisse.

— La voilà..... pour Dieu! du courage,

mon enfant, et songez à Gerald...— s'écria le bossu en entendant une voiture s'arrêter à la porte.

— Monsieur, — murmura *la duchesse* d'une voix suppliante en prenant la main du marquis. — Ayez pitié de moi... je n'oserai jamais... oh! je me sens mourir...

— La malheureuse enfant, — pensa le marquis, — elle va se perdre!

A ce moment la porte s'ouvrit.

Madame de Senneterre parut.

C'était une femme de haute taille, très maigre, et qui avait, ainsi que l'on dit : *le plus grand air du monde.*

Elle entra, la tête altière, le regard insolent, le sourire dédaigneux et contracté; son visage était très coloré; elle semblait difficilement contenir une violente agitation intérieure.

C'est qu'en effet madame de Senneterre était violemment agitée.

Cette femme, d'une absurde et indomptable vanité, était partie de chez elle, très décidée à faire auprès d'Herminie la démarche que M. de Maillefort exigeait, et en retour de laquelle il promettait d'adopter la jeune fille. Madame de Senneterre s'était donc proposé de se montrer seulement froide et polie dans cette visite, qui coûtait tant à son amour-propre... Mais lorsque le moment de cette entrevue approcha, mais lorsque cette arrogante créature pensa que, dans quelques minutes, elle, duchesse de Senneterre, allait être obligée de se présenter comme *demanderesse* chez une misérable jeune fille qui vivait de son travail, l'implacable vanité de la grande dame se révolta en elle, la colère l'emporta; elle perdit la tête, et oubliant les avantages considérables que ce mariage pouvait apporter à son fils, oubliant qu'après tout c'était à la fille adoptive du prince-duc de Haut Martel qu'elle venait rendre visite, et non à la pauvre artiste, madame de Senneterre se présenta chez Herminie, non plus avec des idées de conciliation, mais avec la résolution de traiter cette insolente comme le méritait l'audace de ses prétentions.

A l'aspect de la physionomie hautaine, agressive et sourdement courroucée de madame de Senneterre, le marquis, non moins surpris qu'épouvanté, devina le revirement subit des idées de la mère de Gerald; il se dit avec désespoir :

— Tout est perdu...

Quant à Herminie, elle n'avait pas, ainsi qu'on dit : une goutte de sang dans les veines. Sa charmante figure était devenue d'une pâleur mortelle; ses lèvres, presque bleues, tremblaient convulsivement... elle tenait ses yeux fixés et baissés... il lui fut impossible de faire un pas, de trouver une parole...

Quoi que lui eût dit M. de Maillefort sur la jeune personne qu'il estimait assez pour lui donner son nom, madame de Senneterre, trop stupidement fière, trop opiniâtre dans ses préjugés, pour comprendre le sentiment de dignité qui avait dicté la conduite d'Herminie, s'attendait à trouver en elle une petite fille vulgaire et hardie, d'une vanité turbulente et effrontée; aussi la mère de Gerald s'était-elle armée de ses dédains les plus insultants, de ses hauteurs les plus provoquantes... Mais elle resta complètement déroutée à la vue de cette timide et charmante créature, d'une distinction exquise, d'une beauté rare et touchante, et qui, au lieu de prendre des airs de triomphe impertinent, n'osait pas seulement lever les yeux, et paraissait plus morte que vive à l'aspect de la grande dame dont elle avait exigé la visite.

— Mon Dieu... qu'elle est donc belle !... —

se dit madame de Senneterre avec un mélange de dépit et d'admiration involontaire, — tout, en elle, paraît d'une distinction parfaite... c'est vraiment incroyable... une mauvaise petite maîtresse de musique.... Mes filles ne sont pas mieux...

Ces divers sentiments de madame de Senneterre, si longs à décrire, avaient été presque instantanés ; il s'était passé à peine quelques secondes depuis son entrée chez Herminie, lorsque, rompant la première le silence et rougissant de l'espèce d'embarras et de déconvenue qu'elle venait d'éprouver, la mère de Gerald dit à la jeune fille d'une voix hautaine et sardonique :

— Mademoiselle Herminie ?

— C'est moi... madame la duchesse...

Balbutia Herminie, pendant que M. de Maillefort écoutait et contemplait cette scène avec une anxiété croissante.

— Mademoiselle Herminie... *maîtresse de musique?*... reprit madame de Senneterre en appuyant sur ces derniers mots avec une affectation dédaigneuse. — C'est apparemment vous, mademoiselle?

— Oui, madame la duchesse... — répondit la pauvre enfant de plus en plus tremblante et sans oser lever encore les yeux.

— Eh bien! mademoiselle... vous êtes satisfaite... je pense? Vous avez eu l'audace d'exiger que je vinsse chez vous.. m'y voici...

— J'ai dû... madame... la duchesse, solliciter l'honneur... que vous daignez me faire..

— Vraiment?... et de quel droit avez-vous osé élever cette insolente prétention?...

— Madame!... — s'écria le bossu.

Mais, aux dernières et insultantes paroles de madame de Senneterre, Herminie, jusqu'alors craintive, accablée, releva orgueilleusement la tête ; ses beaux traits se colorèrent légèrement, et levant pour la première fois, sur la mère de Gerald, ses grands yeux bleus où brillait une larme contenue, elle répondit d'un ton rempli de douceur et de fermeté :

— Jamais, je ne me suis cru le droit d'attendre de vous, Madame, la moindre marque de déférence...... J'ai voulu, au contraire... témoigner du respect que m'inspirait votre autorité, madame... en déclarant à M. de Senneterre... que je ne pouvais... que je ne devais... accepter sa main... qu'avec le consentement de sa mère....

— Et c'était moi... dans ma position, qui devais m'abaisser jusqu'à faire la première démarche auprès de mademoiselle ?

— Madame, je suis orpheline... sans famille... je ne pouvais vous indiquer personne à qui vous adresser, si ce n'est à moi-même... et ma dignité... ne me permettait pas, madame, d'aller solliciter votre adhésion.

—Votre dignité ! c'est fort plaisant, — s'écria madame de Senneterre, outrée de se voir forcée de reconnaître la réserve et la convenance parfaite des réponses de la jeune fille, dans une occurrence si difficile. — Vraiment, c'est très curieux, — reprit-elle, avec un éclat de rire sardonique. — Mademoiselle a sa dignité !

— J'ai la dignité de l'honneur, du travail et de la pauvreté..... madame la duchesse, — répondit Herminie, en regardant cette fois madame de Senneterre bien en face, et d'un air si noble, si décidé, que, se sentant enfin confuse de sa dureté, la mère de Gerald fut obligée de baisser les yeux.

Le marquis, depuis quelques instants, se contenait à grand'peine pour ne pas venger sa protégée des insolences de madame de Senneterre ; mais, en entendant la noble et simple réponse d'Herminie, il la trouva suffisamment vengée.

— Soit, mademoiselle, — reprit madame de Senneterre d'un ton moins amer : — vous avez votre dignité ;... mais vous imaginez-vous, par hasard, que, pour entrer dans l'une des plus grandes maisons de France, il suffise d'être honnête et laborieuse ?

— Oui, Madame... je le crois.

— Voilà qui est, par exemple, d'un audacieux orgueil ! — s'écria madame de Senneterre exaspérée. Ainsi, mademoiselle croit faire à M. le duc de Senneterre en l'épousant, beaucoup d'honneur,... et à sa famille aussi probablement ?

— En répondant à l'affection de M. de Senneterre par une affection égale à la sienne, je crois l'honorer... autant qu'il m'a honorée en me recherchant... Quant à la famille de M. de Senneterre, je sais, madame, qu'elle ne s'enorgueillirait pas de moi... mais j'aurais la conscience d'être digne d'elle.

— Bien! bien! — s'écria le bossu, — bien, ma brave et noble enfant.

Madame de Senneterre, quoiqu'elle fît tous ses efforts pour résister à la pénétrante influence d'Herminie, la subissait forcément: la beauté, la grâce, le tact exquis de cette adorable créature, exerçaient sur la mère de Gerald, une sorte de fascination... Aussi, craignant d'y céder, et voulant couper court à toute tentation *en brûlant*, comme on dit, *ses vaisseaux*, madame de Senneterre revint à l'insulte, et s'écria avec colère :

— Non ! non ! il ne sera pas dit que je me laisserai prendre aux charmes perfides d'une aventurière, et que j'aurai sottement consenti à ce qu'elle épouse mon fils...

Avant que le bossu, qui fit un brusque mouvement en jetant un regard terrible sur madame de Senneterre, eût pu dire un mot, Herminie reprit d'une voix brisée, pendant que de grosses larmes tombaient de ses yeux :

— Excusez-moi, madame... l'insulte me trouve sans force... et sans réponse, surtout lorsque c'est la mère de M. de Senneterre qui m'outrage... Je n'ai qu'une grâce à vous demander, madame, c'est de vous rappeler que j'étais résignée d'avance à votre refus... aussi, eût-il été généreux à vous de ne pas venir m'accabler ici... Quel est mon tort, madame? d'avoir cru M. de Senneterre d'une condition obscure et laborieuse comme la mienne.. sans cela, je serais morte, plutôt que de me laisser entraîner à un pareil amour...

— Comment! — s'écria madame de Senneterre, — vous ignoriez que mon fils..

— M. de Senneterre s'est présenté chez moi comme un homme vivant de son travail.. Je l'ai cru, je l'ai aimé... loyalement aimé... puis, lorsque j'ai connu sa naissance, j'ai refusé de le voir davantage..... décidée à ne jamais m'unir à lui contre le vœu de sa famille... Voilà, madame, toute la vérité, —

ajouta Herminie, d'une voix tremblante et voilée par les larmes. — De cet amour, dont je n'aurai jamais à rougir, le sacrifice est accompli... je m'y attendais... je croyais seulement avoir le droit de souffrir sans témoins... Vos cruelles paroles, je les excuse, madame, vous êtes mère... vous ne savez pas que j'étais digne de votre fils... et, jusque dans son égarement... l'amour maternel est sacré...

Puis Herminie, ayant essuyé les larmes qui inondaient son pâle visage, reprit d'une voix affaiblie et entrecoupée; car, anéantie par cette scène, la jeune fille sentait ses forces défaillir :

»— Veuillez, madame, dire à M. de Senneterre... que je lui pardonne le mal qu'il m'a fait... involontairement. C'est à vous, madame... à vous... sa mère... que... je jure... de ne le revoir jamais... et l'on doit croire à ma parole... Ainsi, madame, vous sortirez d'ici satisfaite et rassurée... mais je ne sais... ce que... j'éprouve... Monsieur de Maillefort... je vous... en prie... venez... je...

La malheureuse enfant ne put en dire davantage ; ses lèvres décolorées s'agitèrent faiblement, elle jeta un regard mourant et désespéré sur le bossu, qui, s'avançant vivement, la reçut dans ses bras, presque inanimée, la plaça dans un fauteuil, et dit à madame de Senneterre avec une expression terrible :

— Ah ! vous pleurerez des larmes de sang pour le mal que vous avez fait, madame !

Sortez... sortez ! vous voyez bien qu'elle se meurt.

En effet, Herminie, pâle comme une morte, ses bras allanguis, soutenus par les supports du fauteuil, avait la tête renversée et penchée sur son épaule. Son front, baigné d'une sueur froide, était à demi voilé par les grosses boucles de ses blonds cheveux, et, de ses yeux entr'ouverts, filtraient encore quelques larmes presque taries, tandis qu'un frémissement nerveux faisait de temps à autre tressaillir tout le corps de l'infortunée.

M. de Maillefort ne put retenir ses pleurs, et, d'une voix étouffée, il dit à madame de Senneterre :

— Vous jouissez de votre ouvrage, n'est-ce pas ?...

Mais quelle fut la stupeur du bossu en voyant soudain l'attendrissement, la douleur, les remords se peindre sur les traits de cette femme altière qui, enfin, vaincue par la noble et touchante résignation d'Herminie, fondit à son tour en larmes, et dit au marquis d'un ton suppliant :

— Monsieur de Maillefort, ayez pitié de moi ; j'étais venue ici... décidée à tenir ma promesse... et puis, malgré moi, ma fierté s'est révoltée, j'ai perdu la tête... A cette heure... je me repens... j'ai honte... j'ai horreur de ma conduite insensée.

Et madame de Senneterre, courant à Herminie, souleva sa tête appesantie, la baisa au front et la soutint entre ses bras, disant d'une voix altérée :

— Malheureuse enfant, pourra-t-elle me pardonner jamais... monsieur de Maillefort? Du secours... appelez quelqu'un... sa pâleur m'épouvante.

Soudain un pas précipité retentit derrière la porte.

Elle s'ouvrit brusquement.

Gerald entra, les traits bouleversés, l'air égaré, menaçant... car du jardin où il s'était tenu caché, sans en prévenir Herminie et M. de Maillefort, il avait entendu les cruelles paroles de sa mère à la jeune fille.

— Gerald! — s'écria le marquis stupéfait.

— J'étais là, — reprit-il d'un air farouche en montrant la fenêtre, — j'ai tout entendu... et...

Mais le duc de Senneterre n'acheva pas, saisi d'étonnement à la vue de sa mère qui soutenait sur son sein la tête d'Herminie.

— Mon fils... — s'écria aussitôt madame de Senneterre, — j'ai horreur de ce que j'ai fait, je consens à tout, épouse-la... c'est un ange : fasse le ciel qu'elle me pardonne.

— Oh! ma mère... ma mère, — murmura Gerald avec un accent d'ineffable reconnaissance, en tombant aux genoux d'Herminie et couvrant ses mains de larmes et de baisers.

— Bien... bien... — dit tout bas le marquis à madame de Senneterre, — c'est de l'adoration que votre fils aura pour vous maintenant.

A un mouvement que fit Herminie en essayant de soulever sa tête appesantie, Gerald s'écria :

— Elle revient à elle.

Et s'adressant à la jeune fille de la voix la plus pénétrante :

— Herminie... c'est moi... c'est Gerald.

A la voix de M. de Senneterre, Herminie tressaillit de nouveau, ouvrit lentement ses yeux, d'abord fixes, troubles, comme si elle sortait d'un rêve pénible...

Puis l'espèce de voile que l'évanouissement avait étendu sur sa pensée, se dissipant peu à peu, la jeune fille dégagea doucement sa tête, jusqu'alors appuyée sur le sein de madame de Senneterre... et leva les yeux.....

Quel étonnement !... elle reconnut la mère de Gerald... qui, la soutenant dans ses bras, la contemplait avec la plus tendre sollicitude...

Se croyant sous l'empire d'un songe, Herminie se redressa brusquement, passa ses mains brûlantes sur ses yeux, et ses regards, de plus en plus assurés, tombèrent d'abord sur M. de Maillefort, qui la contemplait avec un ravissement ineffable, puis sur Gerald, toujours agenouillé devant elle...

— Gerald !... — s'écria-t-elle.

Et aussitôt, avec une incroyable expression d'angoisse, de frayeur et d'espérance, elle retourna vivement la tête du côté de madame de Senneterre, comme pour s'assurer que c'était bien d'elle, en effet, qu'elle recevait des marques d'un touchant intérêt.....

Gerald remarquant le mouvement de la jeune fille, se hâta de dire :

Herminie, ma mère consent à tout.

— Oui, oui, Mademoiselle, — s'écria madame de Senneterre avec effusion, — je consens à tout !... j'ai de grands torts à me faire pardonner, mais j'y parviendrai à force de tendresse.

— Madame... il serait vrai !... — dit Herminie en joignant les mains. — Mon Dieu ! mon Dieu ! il serait possible... vous consentez... tout ceci n'est pas un songe.

— Non, Herminie, ce n'est pas un songe, — dit Gerald avec entraînement ; — nous sommes à jamais unis l'un à l'autre... vous serez ma femme.

— Non, ma noble et chère fille, ce n'est pas un songe, — dit à son tour M. de Maillefort, — c'est la récompense d'une vie de travail et d'honneur.

— Non, Mademoiselle, ce n'est pas un songe, — reprit madame de Senneterre, — car c'est vous, — ajouta-t-elle en regardant le marquis d'un air significatif, — vous, *Mademoiselle Herminie, qui vivez noblement de votre travail,* c'est vous que j'accepte avec joie pour belle-fille, en présence de M. de Maillefort, car je suis certaine que mon fils ne peut faire un choix plus digne de lui... de moi et de sa famille...

. . . .

Il faut renoncer à peindre les émotions diverses dont furent agités les acteurs de cette scène.

Une demi-heure après, madame de Senneterre et son fils prenaient affectueusement congé d'Herminie, et celle-ci, accompagnée de M. de Maillefort, se rendait en hâte chez mademoiselle de Beaumesnil, pour lui apprendre *la bonne nouvelle* et soutenir le courage de *la plus riche héritière de France,* car il s'agissait pour elle, ou plutôt pour Olivier, d'une dernière et redoutable épreuve.

IV

Pendant que M. de Senneterre reconduisait sa mère, au sortir de chez Herminie, celle-ci était, nous l'avons dit, montée en voiture avec M. de Maillefort, afin de se rendre chez mademoiselle de Beaumesnil.

L'on devine les délicieux épanchements du bossu et de sa jeune protégée, dont le bonheur inespéré était désormais certain.

Le marquis connaissait assez madame de Senneterre pour être assuré qu'elle était incapable de rétracter le consentement solennel donné par elle au mariage de Gerald et d'Herminie; néanmoins, M. de Maillefort se promit de se rendre le lendemain même chez madame de Senneterre, pour lui déclarer qu'il persistait plus que jamais dans la résolution d'adopter Herminie, qu'il aimait plus tendrement encore si cela se pouvait, depuis qu'il l'avait vue si digne, si touchante pendant son entretien avec l'altière duchesse de Senneterre.

La seule crainte du marquis était que l'orgueilleuse fille ne refusât les avantages dont il tenait à la doter; mais, presque sûr d'arriver à son but malgré les scrupules d'Herminie, il dut garder encore auprès d'elle un silence absolu sur cette adoption.

M. de Maillefort et la jeune fille étaient depuis quelque temps en voiture, lorsque, un instant arrêtée par un embarras de charrettes, elle fut obligée de stationner au coin de la rue de Courcelles, où l'on voyait alors la boutique d'un serrurier.

Soudain le bossu, qui s'était avancé à la portière afin de connaître la cause de l'arrêt subit de ses chevaux, fit un brusque mouvement de surprise en disant :

— Que fait là cet homme?

A cette exclamation, le regard d'Herminie suivit involontairement la même direction que celui du bossu, et elle ne put retenir un geste de dégoût et d'aversion qui ne fut point remarqué de M. de Maillefort, car, au même instant, il baissait vivement le store de la portière, près de laquelle il se trouvait.

Pouvant ainsi voir sans être vu, en écartant le petit rideau de soie, le marquis parut observer quelque chose ou quelqu'un avec une attention inquiète, pendant qu'Herminie, n'osant pas l'interroger, le regardait avec surprise.

Le marquis venait de voir et voyait encore dans la boutique, M. de Ravil, causant avec le serrurier, homme d'une bonne et honnête figure, à qui le nouvel ami, ou plutôt le nouveau complice de M. de Macreuse, montrait une clé en paraissant lui donner quelques explications, explications que l'artisan comprit sans doute parfaitement, car, prenant la clé, il la plaçait entre les branches de son étau, lorsque la voiture du marquis continua rapidement sa marche vers le faubourg Saint-Germain.

— Mon Dieu! Monsieur, qu'avez-vous donc? — dit Herminie au bossu, en le voyant soudain devenu pensif.

— C'est que je viens de voir une chose sans doute insignifiante en apparence, ma chère enfant, mais qui pourtant... me fait réfléchir... Un homme était tout à l'heure dans la boutique d'un serrurier... et lui montrait une clé; je n'aurais aucunement remarqué le fait, si je ne connaissais l'homme à la clé pour une espèce de misérable, capable de tout; et dans de certaines circonstances, les moindres actions de ces gens-là donnent à penser.

— L'homme dont vous parlez, est de grande taille et d'une figure basse et fausse, n'est-ce pas, Monsieur?

— Vous l'avez donc aussi remarqué?

— Je n'en avais que trop sujet, Monsieur.

— Comment donc cela, ma chère enfant?

En peu de mots, Herminie raconta au bossu les vaines tentatives de de Ravil pour se rapprocher d'elle depuis le jour où il l'avait grossièrement interpellée dans la rue, alors que la jeune fille se rendait auprès de madame de Beaumesnil en ce moment presque à l'agonie.

— Si ce misérable venait souvent errer ainsi autour de votre demeure, ma chère enfant, je m'étonne moins de ce que nous l'ayons rencontré dans une boutique de ce quartier, qu'il connaît, puisque vous l'habitez... Mais il n'importe : qu'allait-il faire chez ce serrurier ? — ajouta le bossu, comme en se parlant à lui-même. — Du reste, depuis son rapprochement avec cet ignoble Macreuse, je ne les ai point perdus de vue ni l'un ni l'autre... un homme à moi les surveille... car ces gens-là ne sont jamais plus dangereux que lorsqu'ils font, comme on dit, *les morts ;*... non pas que je les redoute, moi ; mais j'ai craint pour Ernestine...

— Pour Ernestine ? — demanda *la du-*

chesse avec autant de surprise que d'inquiétude — et que pouvait-elle avoir à craindre de pareilles gens?

— Vous ignorez, mon enfant, que ce de Ravil était l'âme damnée de l'un des prétendants à la main d'Ernestine, et que ce Macreuse avait aussi d'infâmes visées sur cette riche proie. Comme je les ai démasqués et châtiés tous deux en public... je crains que leurs ressentiments ne retombent sur Ernestine, tant leur rage est grande de n'avoir pu faire de la pauvre enfant leur dupe et leur victime... mais je veille sur elle... Et cette rencontre de de Ravil chez un serrurier, rencontre dont je ne peux, quant à présent, pénétrer les conséquences, me fera, pour plus de sûreté, redoubler de surveillance.

— En quoi cette rencontre pourrait-elle donc intéresser Ernestine ?

— Je ne le sais pas, ma chère enfant ; seulement je trouve singulier que de Ravil se donne lui-même la peine d'aller chez un serrurier de ce quartier isolé. Mais laissons cela : qu'il ne soit pas donné à de tels misérables de flétrir les joies les plus pures, les plus méritées. Mais... ma tâche n'est qu'à moitié remplie... votre bonheur est à jamais assuré, mon enfant ; puisse ce jour être aussi beau pour Ernestine que pour vous ! Nous voici arrivés chez elle... Vous allez aller la trouver... n'est-ce pas ? lui raconter tous vos bonheurs... pendant que je monterai chez le baron, à qui j'ai quelques mots à dire... puis j'irai vous rejoindre chez Ernestine.

— En effet, il me semble, Monsieur, vous avoir entendu parler d'une dernière épreuve?

— Oui, mon enfant.

— Elle regarde M. Olivier?

— Sans doute, et s'il en sort noblement, vaillamment, comme je le crois, Ernestine n'aura rien à envier à votre félicité.

— Et à cette épreuve, Monsieur, elle a consenti?

— Sans doute, mon enfant, car il ne s'agit pas seulement d'éprouver encore l'élévation des sentiments d'Olivier, mais de tâcher de détruire les scrupules qu'il pourrait avoir d'épouser Ernestine, lorsqu'il apprendra que la petite brodeuse est *la plus riche héritière de France...*

— Hélas! Monsieur... c'est cela surtout que nous redoutons : il y a tant de délicatesse chez M. Olivier !

— Aussi, à force de chercher, de m'ingénier, ma chère enfant, j'ai trouvé, je l'espère, le moyen de nous délivrer de ces craintes. Je ne puis maintenant vous en dire davantage ; mais bientôt vous saurez tout.

— A ce moment, les chevaux de M. de Maillefort s'arrêtèrent devant la porte de l'hôtel de la Rochaiguë.

Le valet de pied du marquis ouvrit la portière, et, pendant qu'Herminie se rendait auprès de mademoiselle de Beaumesnil, le bossu monta chez le baron, qui l'attendait et vint à sa rencontre, souriant et montrant ses longues dents de l'air le plus satisfait du monde.

M. de la Rochaiguë ayant réfléchi aux offres et aux menaces du marquis, s'était décidé pour les offres séduisantes qui lui permettaient enfin d'enfourcher son *dada* politique; il avait promis son concours au mariage d'Olivier Raimond, quoique certaines circonstances de ce mariage lui parussent absolument incompréhensibles, le marquis n'ayant pas jugé à propos d'instruire encore M. de la Rochaiguë du double personnage joué par mademoiselle de Beaumesnil.

— Eh bien! mon cher baron, — dit le bossu, — tout est-il prêt, ainsi que nous en étions convenus?

— Tout, mon cher marquis... L'entretien aura lieu ici... dans mon cabinet... et cette portière baissée permettra de tout entendre du petit salon voisin...

Le marquis examina les lieux et revint auprès de M. de la Rochaiguë.

— Ceci est parfaitement arrangé, mon cher baron; mais, dites-moi, avez-vous eu les derniers renseignements qui vous manquaient sur M. Olivier Raimond?

— Je suis allé ce matin chez son ancien colonel de l'armée d'Afrique. Il est impossible de parler de quelqu'un avec plus d'estime et d'éloges, que M. de Berville ne m'a parlé de M. Olivier Raimond.

— J'en étais sûr; mais j'ai voulu, mon cher baron, que vous puissiez vous assurer par vous-même et à des sources différentes, des excellentes qualités de mon protégé...

— Il est vrai qu'il ne manque à ce garçon qu'un nom et qu'une fortune, — dit le baron en étouffant malgré lui un soupir; — mais enfin c'est un honnête et digne jeune homme...

— Et ce que vous savez de lui n'est rien encore auprès de ce que vous apprendrez peut-être tout à l'heure.

— Comment, un nouveau mystère, mon cher marquis?

— Un peu de patience, et dans une heure vous saurez tout... Ah çà! j'espère que vous n'avez pas dit un mot de nos projets à votre femme ou à votre sœur?

— Pouvez-vous me faire une telle question? mon cher marquis, n'ai-je pas une revanche à prendre contre la baronne et Héléna?... Me jouer à ce point! Chacune comploter à mon insu un mariage de son côté, me faire jouer le rôle le plus ridicule... Ah! ce sera du moins une consolation pour moi que de les accabler à mon tour.

— Et surtout pas de faiblesse, baron... Votre femme se vante de pouvoir vous faire changer de volonté à son gré, disant qu'elle vous mène, passez-moi le terme, par le nez....

— Bien... bien... nous verrons : ah! l'on me mène par le nez!

— Admettons cela pour le passé.

— Je ne l'admets point du tout, moi, marquis...

— Mais..... maintenant que vous voici homme politique, mon cher baron, une telle faiblesse n'aurait pas d'excuse... car, vous ne vous appartenez plus, et, à ce propos, avez-vous revu nos trois meneurs d'élections?

— Nous avons eu hier soir une nouvelle conférence... j'ai parlé pendant deux heures sur l'alliance anglaise. — Et le baron se redressa, passa la main gauche sous le revers de son habit, et prit sa pose oratoire. — J'ai ensuite effleuré la question de l'introduction des bêtes à cornes, et j'ai posé en principe la liberté religieuse comme en Belgique, et, il faut le dire, les fondés de pouvoir de vos électeurs m'ont paru ravis!

— Je le crois bien... vous devez vous entendre à merveille... et je leur rends un signalé service, car ils trouveront en vous... tout ce qui me manque...

—Ah! marquis, vous êtes trop modeste.

— Au contraire, mon cher baron... Ainsi, le contrat d'Olivier et d'Ernestine signé, je me désiste en votre faveur de ma candidature, puisque vous êtes accepté d'avance.

Un domestique, entrant, annonça que M. Olivier Raimond demandait à parler à M. de la Rochaiguë.

— Priez M. Raimond d'attendre un instant, — répondit le baron au domestique, qui sortit.

—Ah! çà, baron, recordons-nous bien. La chose est grave et délicate, — dit le marquis, — n'oubliez aucune de mes recommandations, et, surtout, ne vous étonnez nullement des réponses de M. Olivier Raimond, si extraordinaires qu'elles vous paraissent ; tout s'éclaircira après votre entrevue avec lui...

— Il faut que je sois bien résolu à ne m'étonner de quoi que ce soit, marquis.... puisque je ne comprends rien moi-même à la façon dont je dois procéder à cette entrevue...

— Tout s'éclaircira, vous dis-je ; et n'oubliez pas les travaux faits par M. Olivier pour le régisseur du château de Beaumesnil, près de Luzarches.

— Je n'aurais garde : c'est par là que j'entre en matière... et, soit dit en passant, je débute par un fameux mensonge, mon cher marquis.

— Mais aussi quelle éclatante vérité jaillira, je n'en doute pas, de ce fameux mensonge! Allez, vous n'aurez pas à le regretter... car, ce qui va se passer... aura peut-être autant d'intérêt pour vous que pour mademoiselle de Beaumesnil... Je vais la chercher... et, ainsi que nous en sommes convenus, ne faites introduire M. Olivier que lorsque vous nous saurez dans la pièce voisine.

— C'est entendu... allez vite, mon cher marquis... et passez par l'escalier de service... ce sera plus court, et M. Olivier, qui attend dans la bibliothèque, ne vous verra point.

Le marquis descendit en effet par l'escalier dérobé sur lequel s'ouvrait aussi une des portes de l'appartement de mademoiselle de Beaumesnil, et entra chez elle.

— Ah! Monsieur de Maillefort, — s'écria Ernestine, radieuse et les yeux encore remplis de larmes de joie... — Herminie m'a tout dit... Son bonheur du moins ne manquera pas au mien... si le mien se réalise.

— Vite, vite, mon enfant... venez, — dit le bossu, en interrompant la jeune fille, — M. Olivier est en haut.

— Herminie va m'accompagner, n'est-ce pas, Monsieur de Maillefort? elle sera là..... près de moi, elle soutiendra mon courage...

— Votre courage? — dit le marquis.

— Oui... car, maintenant... je vous l'avoue..... malgré moi..... je regrette cette épreuve.

— N'est-elle pas nécessaire aussi pour détruire les scrupules d'Olivier, ma chère enfant ?..... Songez-y, c'est peut-être le plus grand des obstacles que nous aurons eu à combattre.

— Hélas !... il n'est que trop vrai... — dit tristement mademoiselle de Beaumesnil.

— Allons, mon enfant, venez... venez... Herminie vous accompagnera...... Il faut qu'elle soit une des premières à vous féliciter...

— Ou... à me consoler... — reprit Ernestine, ne pouvant surmonter ses craintes... mais enfin... que mon sort s'accomplisse, — ajouta-t-elle résolument... — Monsieur de Maillefort... montons chez mon tuteur...

Cinq minutes après, Ernestine, Herminie

et M. de Maillefort, rentraient dans le salon du baron, seulement séparé par une portière soigneusement fermée, mais que le bossu alla entr'ouvrir pour dire à M. de la Rochaigue :

— Nous sommes là.

— Très bien ! — répondit le baron.

Et il sonna.

Le bossu disparut alors, en laissant retomber les pans de la portière un instant soulevée.

— Priez M. Olivier Raimond d'entrer, — dit le baron à un domestique venu à son appel et qui bientôt annonça :

— Monsieur Olivier Raimond.

En entendant entrer Olivier dans la pièce voisine, Ernestine pâlit malgré elle, et, prenant d'une main la main d'Herminie, et de l'autre, la main de M. de Maillefort, elle leur dit en tressaillant :

— Oh!... je vous en conjure... restez là, près... tout près de moi... je me sens défaillir.. Oh! mon Dieu! que cet instant est solennel!...

— Silence, — dit à voix basse M. de Maillefort ; — Olivier parle... écoutons.

Et tous trois, palpitant sous l'empire d'émotions diverses, écoutèrent avec une inexprimable anxiété l'entretien d'Olivier et de M. de la Rochaiguë.

V

La figure d'Olivier Raimond, lorsqu'il entra chez M. de la Rochaiguë, exprimait un étonnement mêlé de curiosité.

Le baron le salua d'un air courtois, et, lui faisant signe de s'asseoir, lui dit:

— C'est à monsieur Olivier Raimond que j'ai l'honneur de parler?

— Oui, Monsieur.

— Sous-lieutenant au 5ᵉ régiment de hussards?

— Oui, Monsieur.

— D'après la lettre que j'ai eu l'honneur de vous écrire, Monsieur, vous avez vu que je m'appelais...

— M. le baron de la Rochaiguë, Monsieur, et je n'ai pas l'honneur de vous connaître... Puis-je savoir, maintenant, de quelle affaire importante et personnelle vous avez à m'entretenir?

— Certainement, Monsieur... Veuillez me prêter une scrupuleuse attention, et surtout ne pas vous étonner de ce qu'il peut y avoir de singulier... d'étrange... d'extraordinaire...

même, dans les faits que je vais avoir l'honneur de vous communiquer.

Olivier regarda le formaliste baron avec une nouvelle surprise, tandis que le tuteur de mademoiselle de Beaumesnil jetait un imperceptible regard vers la portière qui fermait le salon dans lequel Herminie, Ernestine et M. de Maillefort étaient réunis, écoutant cet entretien.

— Monsieur, — reprit le baron en s'adressant à Olivier, — il y a quelque temps vous êtes allé à un château, près de Luzarches, afin d'aider un maître maçon à établir le relevé des travaux qu'il avait entrepris dans cette propriété?

—Cela est vrai, Monsieur... — répondit

Olivier, ne voyant pas où tendait cette question.

— Ces relevés terminés, vous êtes resté plusieurs jours au château, afin de vous occuper de différents comptes et écritures que le régisseur vous a proposé de faire pour lui?

— Cela est encore vrai, Monsieur.

— Ce château, — reprit le baron d'un air important, — appartient à mademoiselle de Beaumesnil... *la plus riche héritière de France.*

— C'est en effet, Monsieur, ce que j'avais appris durant mon séjour dans cette propriété... mais puis-je enfin savoir le but de ces questions?

— A l'instant même, Monsieur; seulement, veuillez me faire la grâce de jeter les yeux sur cet acte...

Et le baron prit sur son bureau une double feuille de papier timbré qu'il remit à Olivier.

Pendant que celui-ci, de plus en plus étonné, parcourait ce papier, le baron reprit :

— Vous verrez par cet acte, Monsieur, qui est un double de la délibération du conseil de famille, convoqué après le décès de feue madame la comtesse de Beaumesnil, vous verrez, dis-je, par cet acte, que je suis tuteur et curateur de mademoiselle de Beaumesnil.

— En effet, Monsieur, — répondit Olivier en tendant l'acte au baron, — mais je ne comprends pas de quel intérêt cette communication peut être pour moi.

— Je tenais d'abord, Monsieur, à vous édifier sur ma position légale, officielle... judiciaire, auprès de mademoiselle de Beaumesnil, afin que tout ce que je pourrai avoir l'honneur de vous dire au sujet de ma pupille, ait à vos yeux une autorité évidente... irrésistible... incontestable.

Ce langage monotone et mesuré comme le mouvement d'un pendule, commença d'impatienter d'autant plus Olivier, qu'il ne pouvait s'imaginer où devaient aboutir ces graves préliminaires ; aussi regarda-t-il le baron d'un air si ébahi, que M. de la Rochaigue se dit :

« On croirait, en vérité, que je lui parle

hébreu... il ne sourcille pas au nom de mademoiselle de Beaumesnil, qu'il n'a point seulement l'air de connaître... Qu'est-ce que tout cela signifie? Ce diable de marquis avait bien raison de me dire que je devais m'attendre à de surprenantes choses.

— Pourrai-je enfin savoir, Monsieur, — reprit Olivier, avec une vivacité contenue, — en quoi il m'intéresse que vous soyez ou non le tuteur de mademoiselle de Beaumesnil?

« Arrivons au mensonge, se dit le baron, et voyons-en l'effet. »

Puis il reprit tout haut :

— Monsieur, vous avez fait, ainsi que vous en êtes convenu, un assez long séjour au château de Beaumesnil?

— Oui, Monsieur, — répondit Olivier avec une impatience de plus en plus difficile à modérer, — je vous l'ai déjà dit.

— Vous ignoriez peut-être, Monsieur, que mademoiselle de Beaumesnil se trouvait à ce château en même temps que vous?

— Mademoiselle de Beaumesnil?

— Oui, Monsieur, — reprit imperturbablement le baron en pensant qu'il mentait avec une aisance et un aplomb diplomatiques, — oui, Monsieur, mademoiselle de Beaumesnil se trouvait à ce château pendant que vous y étiez aussi.

— Mais on disait cette demoiselle alors en pays étranger, Monsieur? et d'ailleurs je n'ai vu personne au château.

— Cela ne m'étonne point, Monsieur, — ajouta le baron d'un air fin ; mais le fait est que mademoiselle de Beaumesnil, de retour en France depuis très peu de jours, avait voulu passer le premier temps du deuil de madame sa mère dans ce château, et comme elle voulait y être dans la plus complète solitude, elle avait recommandé un secret absolu sur son arrivée dans cette propriété.

— Soit, Monsieur... alors j'ai dû ignorer cette circonstance comme tout le monde, car je demeurais dans la maison du régisseur, située assez loin du château que l'on disait inhabité... Mais, encore une fois, Monsieur, à quoi bon me rappeler ?...

— Je vous supplie, Monsieur, de ne pas vous impatienter, — dit le baron en interrompant Olivier, — et de me prêter une religieuse attention, car il s'agit, je vous le répète, de choses du plus grave... du plus haut... du plus grand intérêt pour vous.

« Cet homme m'agace horriblement les nerfs avec ses redoublements d'épithètes... Où veut-il en venir?... qu'ai-je de commun avec mademoiselle de Beaumesnil et ses châteaux? se demandait Olivier. »

— Le maître maçon pour lequel vous avez fait plusieurs écritures, — poursuivit le baron, — n'a pas caché au régisseur que le produit de ces travaux que vous vous imposiez pendant votre congé était destiné à venir en aide à M. votre oncle, que vous entouriez d'une tendresse filiale...

— Eh! mon Dieu! Monsieur, à quoi bon

parler d'une chose si simple? Je vous en conjure, arrivons au fait... au fait!

— Le fait... le voici, Monsieur, — reprit le baron avec un geste solennel, c'est que votre généreuse conduite envers M. votre oncle a été rapportée à mademoiselle de Beaumesnil par son régisseur.

— Eh bien! après, Monsieur? — s'écria Olivier, dont la patience était à bout; — ensuite, qu'en concluez-vous? où voulez-vous en venir?

— Je veux en venir, Monsieur, à vous apprendre que mademoiselle de Beaumesnil est une jeune personne du meilleur cœur, du plus noble caractère, et, comme telle, plus sensible que personne aux actions généreuses... Aussi, lorsqu'elle a su votre dévoûment pour M. votre oncle, elle a été si touchée... qu'elle a désiré vous voir.

— Moi?... — dit Olivier d'un ton parfaitement incrédule.

— Oui, Monsieur, ma pupille a voulu vous voir, mais sans être vue de vous ; et, bien plus, elle a désiré vous entendre plusieurs fois causer en toute liberté... aussi *d'accord avec le régisseur.* En un mot, mademoiselle de Beaumesnil a trouvé le moyen d'assister, invisible pour vous, à plusieurs de vos entretiens, soit avec ledit régisseur, soit avec le maître maçon pour lequel vous travailliez... Ces entretiens ont tellement mis en relief aux yeux de ma pupille la droiture, l'élévation de vos sentiments, qu'elle a été aussi frappée de la noblesse de votre cœur

que de vos agréments personnels... et qu'a-
lors...

— Monsieur, — dit vivement Olivier eι
devenant pourpre, — il me serait pénible
de croire qu'un homme de votre âge et de
votre gravité... pût s'amuser à faire de mau-
vaises plaisanteries, et pourtant je n'admet-
trai jamais que vous parliez sérieusement...

— J'ai eu l'honneur, Monsieur, de vous
communiquer l'acte qui me constitue le tuteur de mademoiselle de Beaumesnil, afin
de vous donner toute créance en mes paroles; je vous ai ensuite prévenu que ce que
j'avais à vous dire devait vous paraître singulier... étrange... extraordinaire, et vous
ne pouvez croire qu'un homme de mon âge,
posé d'une certaine façon... dans un certain

monde, ose se jouer des intérêts sacrés qui lui sont confiés, et veuille rendre un homme aussi honorable que vous, Monsieur, la dupe d'une déplorable plaisanterie.

— Soit, Monsieur, — reprit Olivier, ramené par les paroles du baron, — j'ai eu tort, je l'avoue, de vous supposer capable d'une mystification... et cependant...

— Encore une fois, veuillez vous souvenir, Monsieur, — dit le baron en interrompant Olivier, — que je vous ai prévenu que j'avais à vous apprendre des choses fort extraordinaires. Je poursuis : Mademoiselle de Beaumesnil a seize ans... elle est *la plus riche héritière de France.* Donc, — ajouta le baron en regardant Olivier d'un air significatif et appuyant sur ces derniers mots; — donc, elle n'a pas à s'inquiéter de la fortune de celui qu'elle choisira pour époux... Elle veut... avant tout, se marier à un homme qui lui plaise, et qui lui offre des garanties de bonheur pour l'avenir. Quant au nom, quant à la position sociale de celui qu'elle choisira... pourvu que ce nom et que cette position soient honorables et honorés, mademoiselle de Beaumesnil n'en demande pas davantage. Me comprenez-vous, enfin, Monsieur ?

— Monsieur... je vous ai prêté la plus sérieuse attention... Je comprends parfaitement que mademoiselle de Beaumesnil veuille se marier selon son goût, sans préoccupation de fortune ou de rang. Elle a, je crois, parfaitement raison; mais pourquoi me dire tout ceci... à moi qui, de ma vie, n'ai vu mademoiselle de Beaumesnil, et qui ne la verrai sans doute jamais?

— Je vous dis ceci à vous, monsieur Olivier Raimond, parce que mademoiselle de Beaumesnil est persuadée que vous réunissez toutes les qualités qu'elle désirait rencontrer dans son mari; aussi, après avoir pris les plus minutieuses informations sur vous, Monsieur, et je dois vous avouer qu'elles sont excellentes, j'ai, comme tuteur de mademoiselle de Beaumesnil, j'ai, dis-je, pouvoir et mission de vous proposer sa main.

Le baron aurait pu parler plus longtemps encore, qu'Olivier ne l'eût pas interrompu: stupéfait de ce qu'il entendait, il ne pouvait croire à une mystification de la part de M. de la Rochaiguë qui, malgré ses ridicules oratoires, était un homme d'un extérieur grave, de manières parfaites, et qui s'exprimait en fort bons termes; d'un autre côté, comment se persuader, fût-on doué du plus robuste amour-propre, et ce n'était pas le défaut d'Olivier, comment se persuader que *la plus riche héritière de France* eût pu s'éprendre si soudainement? Aussi Olivier reprit-il:

— Vous excuserez mon silence et ma stupeur, Monsieur, car vous m'aviez vous-même prévenu que vous aviez à m'apprendre la chose du monde la plus extraordinaire...

— Remettez-vous, Monsieur... je conçois le trouble où vous plonge cette proposition... je dois ajouter... que mademoiselle de Beaumesnil sait parfaitement que vous ne pouvez accepter son offre avant de l'avoir vue et appréciée... J'aurais donc aujourd'hui même, si vous le désiriez, l'honneur de vous présenter à ma pupille; mon seul désir... est que vous trouviez tous deux dans vos convenances mutuelles la garantie, l'espoir, la certitude de votre bonheur à venir.

Après cette péroraison, le baron se dit :

« Ouf! c'est fini... je saurai tout-à-l'heure par ce diable de marquis, le mot de l'énigme, qui me paraît de plus en plus obscure. »

Durant cette première partie de l'entretien d'Olivier et du baron, mademoiselle de Beaumesnil, Herminie et le bossu avaient silencieusement écouté.

Herminie comprenait alors le double but de l'épreuve à laquelle M. de Maillefort avait cru devoir soumettre Olivier; mais Ernestine, malgré son aveugle confiance dans l'élévation des sentiments du jeune officier, éprouvait une angoisse inexprimable... en attendant la réponse qu'il allait faire à l'étourdissante proposition du baron.

Hélas! la tentation était si puissante!.... Combien peu de gens seraient capables d'y résister!... Combien en est-il qui, oubliant une promesse faite dans un premier élan de générosité à une pauvre petite fille sans nom, sans fortune, saisiraient avidement cette occasion de posséder des richesses immenses!

—Oh! mon Dieu! malgré moi, j'ai peur...

— disait tout bas Ernestine à Herminie et au bossu. — Le renoncement que nous attendons de M. Olivier est peut-être au-dessus des forces humaines. Hélas! pourquoi ai-je consenti à cette épreuve?

— Courage, mon enfant! — dit le marquis, — ne songez qu'au bonheur, qu'à l'admiration que vous ressentirez si Olivier ne faillit pas à ce que nous devons attendre de lui..... Mais, silence! écoutez : l'entretien continue....

Par un mouvement d'angoisse involontaire, Ernestine se jeta dans les bras d'Herminie, et ce fut ainsi que toutes deux, palpitantes de crainte et d'espoir, attendirent la réponse d'Olivier.

Celui-ci ne pouvait plus douter de ce qu'il

y avait de sérieux dans l'offre incroyable qu'on lui faisait ; mais, ne pouvant absolument se résoudre à l'attribuer à ses mérites, il vit dans cette proposition l'un de ces caprices romanesques, assez familiers, dit-on, aux personnes que leur fortune exorbitante met dans une position exceptionnelle, et qui semblent vouloir se jouer du sort à force d'excentricités.

— Monsieur, répondit Olivier au baron d'une voix ferme et grave, après un assez long silence, — si incroyable, je dirai presque si impossible, que me semble la démarche dont vous êtes chargé... je vous donne ma parole d'homme d'honneur, que, sans pouvoir me l'expliquer, je crois à sa sincérité.

— Croyez-y, Monsieur... c'est l'important, c'est tout ce que je vous demande.

— J'y crois donc, Monsieur... et je ne cherche pas à pénétrer les motifs incompréhensibles qui ont pu un instant engager mademoiselle de Beaumesnil à songer à moi.

— Pardon... ces motifs... Monsieur... je vous les ai fait connaître...

— Je le sais, Monsieur ;... mais, sans être d'une modestie ridicule, ces motifs ne me paraissent pas suffisants ; je n'ai pas d'ailleurs le droit de les apprécier, car... il m'est impossible, Monsieur... non pas d'accepter la main de mademoiselle de Beaumesnil... un acte si grave est subordonné à mille circonstances imprévues, mais je...

— Je vous donne à mon tour ma parole d'homme d'honneur, Monsieur, — dit le baron d'un air solennel, dont Olivier fut frappé, — qu'il dépend de vous... entendez-moi bien... de vous... absolument de vous... d'épouser mademoiselle de Beaumesnil, et qu'avant une heure, si vous le désirez, je vous présenterai à elle... Vous ne pourrez alors conserver le moindre doute... sur l'offre que je vous fais.

— Je vous crois, Monsieur... je vous le répète ; je voulais seulement vous dire qu'il m'est impossible de donner pour ma part aucune suite aux propositions que vous voulez bien me faire.

A son tour le baron resta stupéfait.

— Comment, Monsieur !... s'écria-t-il, —

vous refusez... Mais non... non... je comprends mal, sans doute, votre réponse : il est impossible que vous soyez assez aveugle pour ne pas voir les avantages inouïs qu'un pareil mariage...

— Je vais donc être plus précis, Monsieur. Je refuse positivement ce mariage, tout en reconnaissant ce qu'il y a de trop flatteur pour moi dans les bienveillantes intentions de mademoiselle de Beaumesnil...

— Refuser... *la plus riche héritière de France,* — s'écria le baron abasourdi; — accueillir avec ce dédain la démarche inouïe que mademoiselle de Beaumesnil...

— Permettez, Monsieur, — dit vivement Olivier en interrompant le baron, — je vous ai dit tout à l'heure... combien je me sentais honoré de votre proposition. Aussi... je serais désolé que vous pussiez interpréter mon refus d'une manière défavorable pour mademoiselle de Beaumesnil, que je n'ai pas l'honneur de connaître!

— Mais, encore une fois, Monsieur, je vous offre de vous la faire connaître.

— Cela est inutile, Monsieur..... Je ne doute pas du mérite de mademoiselle de Beaumesnil;... mais, puisqu'il faut tout vous dire, j'ai un engagement sacré... un engagement de cœur et d'honneur...

— Un engagement?

— En un mot, Monsieur, je dois très prochainement me marier à une jeune personne que j'aime autant que je l'estime.

— Bon Dieu du ciel, Monsieur! — s'écria le malheureux baron, presque suffoqué, — que m'apprenez-vous là?

— La vérité, Monsieur... et cette déclaration suffira, je l'espère, à vous prouver que je puis... sans aucune prévention contre mademoiselle de Beaumesnil... ne pas donner suite à la démarche que vous avez tentée auprès de moi.

Mais, si le mariage ne se fait pas, ma députation est manquée, — pensait le baron, confondu de ce nouvel incident. — Pourquoi, diable! alors le marquis me demandait-il mon consentement,..... puisque ce jeune fou, cet archi-fou devait refuser un si fabuleux établissement? Et ma pupille qui, ce matin encore, vient de me déclarer positivement qu'elle ne veut épouser que ce

M. Olivier Raimond... Ah ! pardieu ! le marquis m'avait bien dit que c'était une énigme ; mais toutes les énigmes ont un mot, et celle-là n'en a point !

Le baron, ne voulant pas renoncer ainsi à son espérance de députation, reprit tout haut :

—Mon cher Monsieur, je vous en conjure, réfléchissez bien..... vous avez un engagement sacré, à la bonne heure... vous aimez une jeune fille... c'est à merveille ; mais, Dieu merci ! vous êtes libre encore... et il est des sacrifices que l'on doit avoir le courage de faire à son avenir... Jugez donc, Monsieur... plus de trois millions de rentes... en terres... cela ne s'est jamais refusé... et la jeune fille que vous aimez... si elle vous aime réellement pour vous-même... sera la première, si elle n'est pas affreusement égoïste, à vous conseiller... la... la résignation à cette fortune inespérée... Plus de trois millions de rentes en terres, mon cher Monsieur... en terres?

— Je vous ai dit, Monsieur, que j'avais un engagement de cœur et d'honneur; aussi je vois avec peine, — ajouta sévèrement Olivier, — que, malgré les excellents renseignements que vous avez, dites-vous, recueillis sur moi... vous me croyez cependant capable d'une lâche et indigne action, Monsieur......

— A Dieu ne plaise, mon cher Monsieur; je vous tiens pour le plus galant homme du monde... mais.

— Veuillez, Monsieur, — dit Olivier, en se

levant, — faire connaître à mademoiselle de Beaumesnil les raisons qui dictent ma conduite, et je suis certain d'avance de mériter l'estime de votre pupille...

— Mais vous ne la méritez que trop son estime, mon cher Monsieur... un pareil désintéressement est unique, admirable, sublime...

—Un pareil désintéressement est tout simple, Monsieur : j'aime, je suis aimé... j'ai mis l'espoir et le bonheur de ma vie dans mon prochain mariage...

Et Olivier fit un pas vers la porte.

— Monsieur, je vous en conjure... prenez quelques jours pour réfléchir;... ne cédez pas

à ce premier mouvement... Encore une fois :
plus de trois millions de...

— Vous n'avez rien de plus à m'apprendre, Monsieur, je suppose, — dit Olivier en interrompant le baron et en le saluant afin de prendre congé de lui.

— Monsieur, — s'écria le baron désolé, — je vous adjure... de penser que votre refus... fera le malheur de mademoiselle de Beaumesnil... car enfin, vous sentez bien qu'un tuteur... qu'un homme sérieux, ne fait pas la démarche que je fais auprès de vous, s'il n'y est obligé par les plus graves intérêts ; en d'autres termes, ma pupille sera désespérée de votre refus... elle en mourra peut-être.

— Monsieur, je vous supplie, à mon tour, d'avoir égard à la position pénible dans laquelle vous me mettez, position qu'il m'est impossible d'ailleurs de supporter plus longtemps après l'aveu que j'ai cru devoir vous faire de mon prochain mariage.

Et Olivier salua une dernière fois le baron, se dirigea vers la porte, et ajouta, au moment de l'ouvrir :

— J'aurais désiré, Monsieur, terminer moins brusquement cet entretien ; veuillez donc m'excuser et n'attribuer ma retraite qu'à votre insistance, qui me met dans la position la plus désagréable... je n'ose dire la plus ridicule du monde.

En disant ces mots, Olivier sortit, malgré

les supplications désespérées du baron.

Alors celui-ci, désappointé, furieux, accourut dans le salon, où étaient rassemblés les deux jeunes filles et le bossu, ouvrit brusquement les portières et s'écria :

—Ah çà ! marquis, m'expliquerez-vous, à la fin, ce que cela signifie ?... De qui se moque-t-on ici ? Ne voilà-t-il pas ce M. Olivier qui refuse la main de mademoiselle de Beaumesnil, qu'il dit n'avoir jamais vue de sa vie, tandis que vous m'assurez que lui et ma pupille s'adorent?

VI

M. de la Rochaiguë n'était pas au terme de ses ébahissements.

En annonçant le refus d'Olivier, dont les auditeurs invisibles de la scène précédente étaient déjà instruits, le baron croyait les trouver dans la consternation.

Loin de là.

Mademoiselle de Beaumesnil et Herminie, étroitement enlacées, s'embrassaient au milieu d'élans d'une joie délirante.

— Il a refusé... — murmurait Ernestine avec un accent d'attendrissement ineffable.

— Ah!... je vous le disais bien, mon amie, M. Olivier ne pouvait tromper notre attente, — ajoutait Herminie.

— Avais-je raison! — reprenait à son tour le marquis non moins enchanté; — ne vous avais-je pas prédit, moi, qu'il refuserait?

— Mais, alors, pourquoi, diable! m'avez-vous demandé mon consentement avec tant d'acharnement? — s'écria le baron exaspéré; — pourquoi m'avez-vous supplié, vous, marquis; vous, ma pupille, de faire cette inconcevable proposition, puisqu'elle devait être refusée ?

A ces mots du baron, Ernestine quitta le bras de son amie, et, la figure épanouie, radieuse, elle dit à son tuteur d'une voix touchante :

— Oh! merci... Monsieur... merci, je vous devrai le bonheur de toute ma vie... et, je vous le jure... je ne serai pas ingrate !...

— A l'autre, maintenant ! — s'écria le baron, — mais vous n'avez donc pas entendu ?... il refuse... il refuse... il refuse...

— Oh! oui... il refuse... — dit Ernestine avec expansion, — noble refus... du plus noble des cœurs !

— Décidément, ils sont fous ! — dit le baron.

Puis il cria aux oreilles d'Ernestine :

— Mais cet Olivier se marie... il ne veut pas de vous... son mariage est arrêté !

— Grâce à Dieu ! — dit Ernestine, — et ce mariage n'a plus maintenant d'obstacle possible ; aussi, encore une fois merci, Monsieur de la Rochaiguë, jamais, oh ! jamais je n'oublierai ce que vous avez fait pour moi dans cette circonstance.

Le bossu vint heureusement au secours du malheureux baron, dont l'étroite cervelle était sur le point d'éclater.

— Mon cher baron, — lui dit M. de Maillefort, — je vous ai promis le mot de l'énigme.

— Je vous jure qu'il en est temps... marquis; il est plus que temps de dire ce mot... sinon je deviens fou... mes oreilles bourdonnent... ma tête se fend... mes yeux papillottent... j'ai des éblouissements.

— Eh bien! donc, écoutez : ce matin votre pupille vous a déclaré, n'est-ce pas? qu'elle voulait épouser M. Olivier Raimond... et qu'elle voyait dans ce mariage le bonheur de sa vie.

— Ah çà!... vous allez recommencer? — s'écria M. de la Rochaiguë en frappant du pied avec fureur.

— Un instant de patience donc, baron! je vous ai dit ensuite que ce que vous saviez d'avantageux sur M. Olivier Raimond, n'était rien auprès de ce que vous apprendriez sans doute.

— Eh bien ! qu'ai-je appris ?

— N'est-ce donc rien que son désintéressement que vous avez vous-même trouvé admirable? Refuser *la plus riche héritière de France*, pour tenir un engagement sacré...

—Eh ! mon Dieu ! oui, c'est admirable, superbe ! — s'écria le baron, — je sais cela de reste ! mais je vous répète que je deviendrai fou à l'instant si vous ne m'expliquez pas pourquoi ce refus, qui devrait vous consterner, vous et ma pupille, vous rend radieux ; car enfin, vous vouliez marier Ernestine avec M. Olivier ?

— Certainement.

— Eh bien! il est comme un forcéné pour en épouser une autre.

— Eh! c'est justement cela qui nous transporte, — dit le bossu.

— C'est cela qui nous ravit, — ajouta Ernestine.

— Cela vous ravit, qu'il veuille en épouser une autre! — s'écria le baron exaspéré.

— Mais sans doute, — reprit le marquis, — puisque, cette autre, c'est elle.

— Qui, elle?... — cria le baron; — mais qui, elle?

— Votre pupille...

— Allons, l'autre est ma pupille? à présent!

— Certainement, — reprit mademoiselle de Beaumesnil, triomphante, — cette autre, c'est moi ?

— Encore une fois, baron, — reprit le bossu, — on vous dit, que l'autre..... c'est elle... votre pupille.

— Oui, c'est Ernestine, — ajouta Herminie.

— C'est pourtant bien clair, — reprit le bossu.

A cette explication encore plus incompréhensible pour lui que tout le reste, le malheureux baron jeta autour de lui des regards effarés ; puis il ferma les yeux, trébucha, et dit au bossu d'une voix dolente :

— Monsieur de Maillefort... vous êtes sans

pitié... Je crois avoir la tête aussi forte qu'un autre... mais elle est incapable de résister à un pareil imbroglio... vous me promettez de me donner le mot de cette insupportable énigme, et, ce mot... est encore plus inexplicable que l'énigme elle-même.

— Allons, mon pauvre baron, calmez-vous... et écoutez-moi.

— Cela m'avance beaucoup, — dit le baron en gémissant, — voilà un quart-d'heure que je vous écoute, et c'est pis encore qu'au commencement.

— Tout va s'éclaircir.

— Enfin... voyons.

— Voici le fait : par suite de circonstances

que vous saurez plus tard et qui ne changent rien au fond des choses, votre pupille s'est rencontrée avec M. Olivier, et elle s'est fait passer pour une petite orpheline vivant de son travail... Comprenez-vous cela, baron ?

— Bien... je comprends cela... après ?

— Par suite d'autres circonstances, que vous saurez aussi plus tard, votre pupille et M. Olivier se sont épris l'un de l'autre, lui, continuant à ne voir dans mademoiselle de Beaumesnil qu'une orpheline sans nom, sans fortune... et si malheureuse, qu'il a cru être, et a été, en effet, très généreux envers elle, en lui offrant de l'épouser lorsqu'il s'est vu officier.

— Enfin ! — s'écria le baron, triomphant

à son tour et se dressant de toute sa hauteur,
— Ernestine et *l'autre* ne sont qu'une seule et même personne !

— Voilà, — dit le bossu.

— Et alors, — reprit le baron en s'essuyant le front, — vous avez voulu voir si Olivier aimait assez sincèrement *l'autre* pour résister à la tentation d'épouser *la plus riche héritière de France*...

— C'est cela même, baron.

— Delà cette fable que mademoiselle de Beaumesnil, ayant vu et entendu Olivier, pendant son séjour au château, lorsqu'il y était venu pour des travaux, s'était éprise de ce digne garçon ?

— Il fallait bien motiver raisonnablement,

par cette fable, la proposition que vous vous étiez chargé de faire, baron, et vous vous en êtes tiré à merveille... Eh bien ! avais-je tort en vous disant que M. Olivier Raimond était un galant homme ?

— Un galant homme ! — s'écria le baron. — Écoutez, marquis... je ne veux pas revenir sur le passé, mais je ne vous cache pas que j'étais loin de trouver ce mariage sortable pour ma pupille; eh bien ! je déclare... j'affirme... je proclame qu'après ce que je viens de voir et d'entendre.... ma pupille serait ma fille, que je lui dirais : épousez M. Raimond ; vous ne pouvez faire un meilleur choix.

— Oh ! Monsieur... je n'oublierai jamais ces bonnes paroles, — dit Ernestine.

— Et ce n'est pas tout, mon cher baron.

— Quoi donc encore? — dit M. de la Rochaiguë, avec une vague inquiétude, croyant qu'il allait être question d'un nouvel imbroglio, — qu'y a-t-il?

— Cette épreuve a un double but.

— Ah bah! et lequel?

— Nous connaissons tellement la délicate susceptibilité de M. Olivier que nous avons craint qu'en lui révélant soudain que la jeune personne qu'il croyait pauvre était mademoiselle de Beaumesnil, il n'eût d'invincibles scrupules... lui officier de fortune, à épouser *la plus riche héritière de France,* quoiqu'il l'eût aimée la croyant la plus pauvre fille du monde.

— Eh bien! ces scrupules-là ne m'étonneraient pas, — dit le baron; — d'après la fierté naturelle de ce garçon, il faut s'attendre à tout... Mais, j'y songe, cet inconvénient que vous redoutez, il existe toujours.

— Non pas, mon cher baron.

— Pourquoi non?

— C'est bien simple, — dit Ernestine toute joyeuse, — M. Olivier Raimond n'a-t-il pas refusé d'épouser mademoiselle de Beaumesnil, la riche héritière?

— Sans doute, — dit le baron, — mais... je ne vois pas...

— Eh bien! Monsieur, — reprit Ernestine, — comment M. Olivier, lorsqu'il apprendra qui je suis, pourra-t-il craindre d'être soupçonné de ne faire qu'un mariage d'argent en m'épousant, puisqu'il aura d'abord positivement refusé ma main?

— C'est-à-dire... plus de trois millions de rentes en terres... et ce... parlant à ma personne, — s'écria le baron en interrompant sa pupille, — c'est la vérité... l'idée est excellente... je vous en fais mon compliment, marquis, et je dis comme vous; M. Olivier eût-il une susceptibilité mille fois plus féroce encore, elle ne pourrait tenir contre ce dilemme : vous avez refusé d'épouser trois millions de rentes... donc... votre délicatesse est à jamais au-dessus de tout soupçon...

— N'est-ce pas, Monsieur, — dit Ernestine, — il est impossible que les scrupules de M. Olivier tiennent contre cela?

— Évidemment, ma chère pupile... mais enfin cette révélation... il faudra bien la faire tôt ou tard à M. Olivier?

— Sans doute, — reprit le marquis, — et je m'en charge... J'ai mon projet et nous allons en causer tous deux, baron, car il se relie à certains détails d'intérêt matériel auxquels les jeunes filles n'entendent rien... n'est-ce pas, mon enfant? — ajouta le marquis en souriant et en s'adressant à Ernestine.

— Oh! rien absolument, — répondit mademoiselle de Beaumesnil, — et ce que vous déciderez, vous, monsieur de Maillefort, et mon tuteur, je l'accepte d'avance.

— Je n'ai pas besoin, mon cher baron, — reprit le marquis, — de vous recommander la plus entière discrétion sur tout ceci, jusques après la signature du contrat, qui, si vous m'en croyez, et j'ai mes raisons pour cela, précédera la publication des bans... Nous le signerons après-demain, je suppose... ce n'est pas trop tôt... Qu'en pensez-vous, Ernestine?

— Ah! Monsieur... vous devinez ma réponse, — dit la jeune fille, souriant et rougissant tour-à-tour. Puis elle ajouta vivement : — Mais ce contrat, Monsieur, ne sera pas le seul... à signer... Il y en a un autre, n'est-ce pas, Herminie?

— Cela pourrait-il être autrement? — dit

la duchesse. — M. de Maillefort pense comme moi, j'en suis sûre.

— Oh! certainement, — dit le bossu en souriant. — Mais qui se chargera, s'il vous plaît, de cette combinaison assez difficile?

— Encore vous, monsieur de Maillefort, — dit Ernestine, — vous êtes si bon!

— Et puis, — ajouta Herminie, — ne nous avez-vous pas prouvé que rien ne vous était impossible?...

— Oh! quant aux impossibilités vaincues, — reprit le marquis avec émotion, — lorsque je songe à la scène qui s'est passée ce matin chez vous, ce n'est pas de moi qu'il faut parler... mais de vous, chère enfant.

En entendant ces mots du bossu, M. de la Rochaiguë fit plus d'attention qu'il n'en avait fait jusqu'alors à la présence d'Herminie, et lui dit :

— Pardon, ma chère demoiselle... mais, tout ce qui vient de se passer m'a tellement distrait, que...

— Monsieur de la Rochaiguë, — dit Ernestine à son tuteur, en prenant Herminie par la main, — je vous présente... ma meilleure amie... ou plutôt ma sœur... car deux sœurs ne s'aiment pas plus tendrement que nous.

— Mais, — dit le baron fort surpris, — si je ne me trompe, Mademoiselle... Mademoiselle... est la maîtresse de piano... que nous avions choisie en raison de la délicatesse parfaite de ses procédés envers la succession de la comtesse de Beaumesnil.

— Mon cher baron, — dit le marquis, — vous aurez encore bien des choses très singulières à apprendre au sujet de mademoiselle Herminie.

— Vraiment ! — dit M. de la Rochaiguë ; — et quelles sont ces choses singulières ?

— Dans notre entretien de tout-à-l'heure... je vous dirai... ce que je pourrai vous dire à ce sujet ; qu'il vous suffise seulement de savoir que votre chère pupille a aussi noblement placé son amitié que son amour... car, en vérité, celle qui doit avoir pour mari M. Olivier Raimond, devait avoir pour amie mademoiselle Herminie.

— Oh! M. de Maillefort a bien raison, — dit mademoiselle de Beaumesnil en se rapprochant de sa compagne, — tous les bonheurs... me sont venus à la fois, et le même jour, dans cette modeste soirée de madame Herbaut...

— La modeste soirée... de madame Herbaut, — répéta le baron en ouvrant des yeux énormes, — quelle madame Herbaut?

— Ma chère enfant, — dit le bossu en voyant les ébahissements du baron renaître aux dernières paroles d'Ernestine, — il faut être généreuse et ne pas donner une nouvelle énigme à deviner à M. de la Rochaiguë.

— Je me déclare d'avance incapable de la deviner, — s'écria le baron; — j'ai la cervelle aussi étonnée... aussi confuse... aussi étourdie que si je venais de faire une ascension en aérostat.

— Rassurez-vous, baron, — dit en riant M. de Maillefort, — je vais tout vous dire, sans mettre le moins du monde votre imagination à l'épreuve.

— Nous vous laissons, Messieurs, — dit Ernestine en souriant; puis, elle ajouta : — Je crois devoir seulement vous prévenir, monsieur de la Rochaiguë, que, Herminie et moi, nous avons formé un complot.

— Et ce complot, Mesdemoiselles?

— Comme il se fait tard, et que je deviendrais, j'en suis sûre, folle de joie en restant toute seule avec mon bonheur, Herminie a consenti à partager mon appartement jusqu'à demain matin... nous dînerons tête-à-tête, et je vous laisse à penser quelle bonne fête.

— Mais justement, Mesdemoiselles, cela se trouve à merveille, — dit le baron, — car madame de la Rochaiguë et moi sommes obligés d'aller dîner en ville. Allons, Mesdemoiselles, bonne soirée je vous souhaite.

— A demain, mes enfants, — dit M. de Maillefort ; — nous aurons à causer de certains détails qui, j'en suis sûr, ne vous déplairont pas.

— Les deux jeunes filles, laissant ensemble MM. de Maillefort et de la Rochaiguë, descendirent légères, radieuses, et après un petit dîner auquel elles touchèrent à peine, tant elles avaient le cœur gros de joie et de bonheur, elles se retirèrent dans la chambre à coucher d'Ernestine, pour s'y livrer seule à seule à tous les charmes du souvenir, à toutes les joies de l'espérance, en se rappelant les singulières vicissitudes de leurs amours et de leur amitié, déjà si éprouvés.

Au bout d'un quart-d'heure, les deux jeunes filles furent, à leur grand regret, interrompues par madame Lainé, qui se présenta, après avoir discrètement frappé.

— Que voulez-vous, ma chère Lainé? — lui dit Ernestine.

— J'aurais quelque chose à demander à Mademoiselle.

— Qu'est-ce donc?

— Mademoiselle sait que M. le baron et madame la baronne sont allés dîner en ville, et qu'ils ne rentreront que fort tard?

— Je sais cela... ensuite?

— Mademoiselle Héléna, voulant mettre à même les gens de l'hôtel de profiter de la soirée que leur laisse l'absence de M. le baron et de madame la baronne... a fait louer ce matin trois loges... au théâtre de la Gaîté, où l'on donne *les Machabées*, une pièce tirée de l'Histoire Sainte.

— Et vous désirez aller voir aussi *les Machabées*, ma chère Lainé?

— Si Mademoiselle n'avait pas besoin de

moi..... jusqu'à l'heure de son coucher ?.....

— Je vous donne votre soirée tout entière, ma chère Lainé; emmenez aussi cette pauvre Thérèse...

— Mais si Mademoiselle avait besoin de quelque chose... avant mon retour ?...

— Je n'aurai besoin de rien... et il sera même inutile de revenir pour mon coucher... Mademoiselle Herminie et moi nous nous servirons mutuellement de femme de chambre... Allez, ma chère Lainé, amusez-vous bien, et Thérèse aussi.

— Mademoiselle est bien bonne et je la remercie mille fois ;... du reste si, par hasard, Mademoiselle avait besoin de quelque chose... elle n'aurait qu'à sonner à la sonnette de l'antichambre... Mademoiselle Héléna a dit à Placide de descendre et d'être aux ordres de Mademoiselle si elle sonnait, tous les autres domestiques étant absents.

— A la bonne heure, — dit Ernestine, — je sonnerai Placide si j'ai besoin de quelque chose... Bonsoir, ma chère Lainé.

La gouvernante s'inclina et sortit.

Les deux jeunes filles restèrent donc seules dans ce grand hôtel désert, car il ne s'y trouvait alors ni domestiques, ni maître, à l'exception de mademoiselle Héléna de la Rochaiguë et Placide, sa suivante, qui, d'après les instructions de sa maîtresse, restait aux ordres de mademoiselle de Beaumesnil et d'Herminie.

VII

Dix heures du soir venaient de sonner.

La nuit était sombre, orageuse, les sifflements du vent interrompaient seuls le profond et morne silence qui régnait dans l'hôtel de la Rochaiguë, où il ne restait que quatre personnes : Héléna, sa femme de chambre Placide, mademoiselle de Beaumesnil et Herminie.

Les deux jeunes filles causaient déjà depuis deux heures de leur passé si triste, de leur avenir si riant, et il leur semblait que leur entretien commençait à peine.

Tout à coup Ernestine s'interrompit et parut attentivement écouter du côté de la chambre de sa gouvernante.

— Qu'avez-vous, Ernestine?—lui demanda Herminie.

— Rien... mon amie... — répondit mademoiselle de Beaumesnil...—rien... je me serai trompé...

— Mais encore?

— Il m'avait semblé entendre du bruit dans la chambre de ma gouvernante.

— Oh! la peureuse! — dit Herminie en souriant... — c'est le vent qui aura agité quelque contrevent au dehors... et...

Mais Herminie, faisant à son tour un mouvement de surprise, tourna vivement sa tête vers la porte qui séparait la chambre à coucher d'Ernestine d'un salon extérieur, et dit :

— Voilà qui est singulier.... Ernestine, n'avez-vous pas remarqué?...

— Que l'on vient de fermer cette porte en dehors... n'est-ce pas?

Sans répondre, Herminie courut à la porte dont il était question.

Plus de doute, on avait donné un tour de clé à la serrure.

— Mon Dieu!... — dit Ernestine, commençant à s'effrayer... — Qu'est-ce que cela signifie?... tous les domestiques de l'hôtel sont dehors... Ah!... heureusement, il reste Placide... une des femmes de mademoiselle Héléna.

Et mademoiselle de Beaumesnil, s'approchant précipitamment de sa cheminée, sonna à plusieurs reprises.

Alors Herminie se rappela les vagues inquiétudes que le marquis lui avait manifestées dans l'après-dîner, en lui parlant du rapprochement de de Ravil et de Macreuse...

Quoique *la duchesse* se sentit alors saisie d'un vague effroi, elle ne voulut pas augmenter la frayeur d'Ernestine, et lui dit :

— Rassurez-vous, mon amie... la personne que vous sonnez... va nous expliquer... sans doute, ce qui nous étonne...

— Mais elle ne vient pas... et voilà trois fois que je sonne à tout rompre, — s'écria mademoiselle de Beaumesnil.

Et elle ajouta, toute frémissante et à voix basse en désignant l'autre porte, qui, de sa chambre, communiquait chez sa gouvernante :

— Entendez-vous... là... Oh! mon Dieu!.. mais on marche.

Herminie faisant un geste de doute, mademoiselle de Beaumesnil prêta de nouveau l'oreille, et s'écria bientôt avec une nouvelle angoisse :

— Herminie, je vous dis qu'on marche... on vient... écoutez...

— Poussons vite ce verrou, et enfermons-nous, — dit vivement Herminie en courant à cette petite porte...

Mais cette porte s'ouvrit brusquement, alors que la jeune fille allait y porter la main.

M. de Macreuse parut dans la chambre.

A sa vue, Herminie fit un cri en se rejetant en arrière, tandis que le pieux jeune homme, se tournant vers quelqu'un qui restait dans l'ombre de la pièce voisine, s'écria avec un accent de stupeur et de rage :

— Enfer!... Elle n'est pas seule... tout est perdu!!

A ces mots, un second personnage apparut.

C'était de Ravil.

A l'aspect d'Herminie il s'écria, non moins surpris et courroucé que son complice :

— La musicienne ici!...

Herminie et Ernestine s'étaient réfugiées dans l'un des angles de la chambre, et, là, enlacées dans les bras l'une de l'autre, comme pour se prêter un mutuel appui, elles palpitaient d'épouvante, incapables de parler et d'agir.

Macreuse et de Ravil, stupéfaits, puis furieux de la présence inattendue d'Herminie, qui semblait ruiner leurs projets, restèrent, pendant quelques moments, muets et immobiles aussi, semblant se consulter du regard sur ce qu'ils devaient faire dans cette circonstance imprévue.

Les orphelines, malgré leur terreur, avaient entendu l'exclamation de surprise et de regret désespéré, échappée à Macreuse et à son complice, en voyant que mademoiselle de Beaumesnil n'était pas seule, comme ils y comptaient...

Puis les deux jeunes filles remarquèrent ensuite l'espèce de consternation dans laquelle le fondateur de l'*œuvre de Saint-Polycarpe* et son nouvel ami demeurèrent un instant plongés.

Ces observations rendirent quelque courage aux deux sœurs ; et, la réflexion aidant, elles finirent par songer que, réunies, elles étaient aussi fortes qu'elles eussent été faibles, si elles se fussent trouvées séparées, à la merci de ces misérables.

Alors mademoiselle de Beaumesnil, pensant que la présence d'Herminie la sauvait sans doute d'un grand péril, s'écria, avec un élan de tendresse et de reconnaissance que ne purent paralyser l'angoisse et la frayeur qu'elle ressentait :

— Vous le voyez, Herminie, toujours le ciel vous envoie pour être le bon ange de votre Ernestine..... Sans vous, j'étais perdue...

— Courage... mon amie... — lui répondit

la duchesse. — Voyez combien ces misérables ont l'air déconcerté !

— Vous avez raison, Herminie... un jour si beau pour nous... ne saurait être flétri... J'ai maintenant une confiance aveugle dans notre étoile...

Ranimées par ces quelques paroles qu'elles échangèrent à voix basse, les orphelines, fortes surtout de l'espoir du radieux bonheur qui les attendait, se rassurèrent peu à peu, et Ernestine, prenant résolument la parole, dit à Macreuse et à son complice :

— Ne pensez pas nous effrayer... notre première émotion est passée... votre audace ne nous inspire plus que du dédain... Dans deux heures les gens de l'hôtel rentreront...

et il faudra bien que vous sortiez d'ici aussi honteusement... que vous y êtes entrés.

— Nous aurons, il est vrai, à supporter pendant quelque temps votre présence, — ajouta Herminie avec une hauteur amère; — ce seront deux heures partagées entre le mépris et l'aversion. Mademoiselle de Beaumesnil et moi nous avons subi de plus rudes épreuves...

— Quel courage ! Monsieur de Macreuse ! — reprit Ernestine, — Vous introduire... avec un complice, chez une jeune fille que vous croyez seule... afin de tirer je ne sais quelle lâche vengeance de ce que M. de Maillefort, qui vous connaît, vous a traité, à la face de tous... comme vous le méritiez !

Macreuse et de Ravil écoutaient silencieusement les sarcasmes des orphelines, en échangeant de temps à autre des regards significatifs.

— Ma chère Herminie... — reprit mademoiselle de Beaumesnil, dont la figure se rassérénait de plus en plus, — je vais vous paraître bien extravagante, car je ne sais, en vérité, si tous les bonheurs qui nous sont arrivés aujourd'hui, ne me rendent pas folle... mais enfin tout ceci me semble à la fois si odieux et si ridicule... que... j'ai presque envie de rire... et vous ?

— S'il faut vous l'avouer, Ernestine, je trouve aussi cela grotesque à force de platitude...

— Cette scélératesse... si piteuse ! — reprit mademoiselle de Beaumesnil avec un franc éclat de rire.

— La rage impuissante de ces ténébreux machinateurs qui, au lieu de faire peur, font rire, — ajouta moins gaîment Herminie, — décidément c'est très amusant !

Et les orphelines, dans l'orgueil, dans l'audace de leur félicité, où elles trouvaient le courage de braver insolemment le danger, se livrèrent à un accès de gaîté, à la fois réelle, fiévreuse et vindicative ; réelle... car, pendant un moment, l'ébahissement des deux complices, qui *ne se croyaient pas si plaisants*, fut en effet presque comique ; fiévreuse... car les jeunes filles étaient sous l'empire d'une vive surexcitation causée par l'étrangeté même de leur situation ; vindicative... car elles avaient la conscience du coup qu'elles portaient à Macreuse et à de Ravil.

Ceux-ci, un moment déconcertés par la présence inattendue d'Herminie et par l'inconcevable hilarité des orphelines, se remirent bientôt de cette impression passagère.

Macreuse, dont les traits contractés prenaient une expression de plus en plus effrayante, dit quelques mots à l'oreille de de Ravil.

Aussitôt, celui-ci courut à la seule fenêtre qui existât dans la chambre d'Ernestine, passa autour de l'espagnolette fermant à la fois la fenêtre et les volets intérieurs, un bout de chaîne d'acier préparé d'avance, et s'occupa de réunir les deux derniers maillons de cette chaînette, en y adaptant la branche d'un cadenas à secret.

Ceci fait, il devenait impossible d'ouvrir intérieurement la fenêtre et les volets pour appeler du secours.

Les orphelines se trouvaient ainsi à la merci de Macreuse et de de Ravil.

La porte communiquant au salon avait été fermée en dehors par la femme de chambre de mademoiselle Héléna, car la sainte personne et sa suivante étaient complices du protégé de l'abbé Ledoux; mais elles ignoraient la présence prolongée d'Herminie chez mademoiselle de Beaumesnil.

Pendant que de Ravil s'occupait à la fenêtre, Macreuse, dont les traits exprimaient les plus exécrables sentiments, croisa ses bras sur sa poitrine, et dit aux deux pauvres rieuses avec un calme terrible :

— Mon premier projet est manqué par la présence de cette maudite créature, — et, d'un signe, il désigna Herminie,—vous voyez que je suis franc ! Mais j'ai de l'invention... un ami dévoué, vous êtes toutes deux en notre pouvoir... nous avons deux heures devant nous... et je vous prouverai, moi, que je ne suis pas de ceux dont on rit..... longtemps.....

Ces menaces, l'accent et la physionomie de celui qui les proférait, le silence, la solitude, tout devait les rendre effrayantes ; mais, une fois les choses tragiques prises au comique, tout ce qui semble devoir augmenter la terreur, augmente le rire, qui devient bientôt inextinguible.

Tel fut donc à peu près l'effet produit sur les orphelines par les menaces du Macreuse... Malheureusement pour sa tragédie, il fit un mouvement involontaire qui plaça son chapeau très en arrière de sa tête, ce qui donna à cette large figure, pourtant menaçante et farouche, un air si singulier, que les deux jeunes filles partirent d'un nouvel éclat de rire :

Puis ce fut au tour du complice du Macreuse.

Les jeunes filles avaient suivi d'un regard

plus curieux qu'effrayé la manœuvre de de Ravil, occupé de tourner sa chaînette autour de l'espagnolette ; mais lorsque était venu le moment de faire passer la branche du cadenas dans les derniers maillons, de Ravil, qui avait la vue très basse, ne put y parvenir tout d'abord et frappa du pied avec impatience et colère.

Dans la disposition où se trouvaient les orphelines, l'empêtrement de de Ravil avec sa chaînette et son cadenas, provoqua un tel redoublement d'hilarité nerveuse chez les deux sœurs, que Macreuse et son complice, stupéfaits et aussi furieux, aussi exaspérés que s'ils eussent été souffletés devant cent personnes, perdirent la tête et, emportés par une rage féroce, se précipitant sur les jeunes filles, ils les saisirent brutalement par les bras, alors, Macreuse, la figure livide, les yeux hagards, l'écume aux lèvres, mais toujours son malencontreux chapeau beaucoup trop en arrière, s'écria :

— Il faut donc vous tuer, pour vous faire peur !

— Hélas ! ce n'est pas notre faute, — dit Ernestine, en éclatant de nouveau à la vue de cette figure à la fois terrible et burlesque, — vous ne pouvez nous faire mourir... que de rire...

Et Herminie fit chorus.

Au moment où les deux misérables, fous de haine et de fureur, allaient se livrer aux plus abominables violences, la porte du salon, fermée extérieurement, s'ouvrit soudain.

M. de Maillefort, accompagné de Gerald, apparut, en s'écriant d'une voix remplie d'angoisse et de frayeur :

— Rassurez-vous, mes enfants..... nous voilà......

Que l'on juge de l'étonnement du marquis et de Gerald.

Tous deux arrivaient pâles..... effarés..... comme des gens qui accouraient sauver quelqu'un d'un grand danger... et que voient-ils ?

Les deux jeunes filles, les joues colorées, les yeux brillants, et le sein palpitant d'un dernier rire, tandis que Macreuse et de Ravil restaient blêmes de colère et immobiles de frayeur à ce secours inattendu.

Un moment le marquis attribua l'hilarité inconcevable des orphelines à quelque spasme nerveux causé par la terreur; mais il se rassura bientôt en attendant Ernestine lui dire :

— Pardon... mon bon Monsieur de Maillefort, pardon de cette extravagante gaîté... mais voici ce qui est arrivé... Ces deux hommes... se sont introduits ici... par l'escalier dérobé.

— Oui... — dit le marquis à Herminie, — la clé de ce matin... mon enfant... vous savez... mes pressentiments ne me trompaient pas.

— Il faut l'avouer, nous avons eu d'abord grand'peur, — reprit Herminie... — mais, quand nous avons vu le désappointement, la colère de ces hommes qui s'attendaient à trouver Ernestine seule...

— Leur position... nous a paru si piteuse, — reprit mademoiselle de Beaumesnil, — et puis nous nous sentions d'ailleurs si fortes... réunies toutes deux, que ce qui nous avait d'abord paru effrayant...

— Nous a paru très ridicule... — ajouta Herminie.

— Seulement, — reprit Ernestine, — au moment où vous êtes arrivés, M. de Macreuse parlait de nous tuer un peu... pour nous ôter l'envie de rire...

Le marquis dit à Gerald :

— Sont-elles assez braves... assez charmantes ! En vit-on jamais de pareilles ?

— Comme vous... j'admire... cette vaillance, ce courageux mépris, — répondit Gerald partageant l'émotion du bossu ; — mais quand je songe à l'infâme audace de ces deux misérables... que je ne veux pas regarder... car je ne serais plus maître de moi et je les écraserais sous mes pieds... je...

— Allons donc ! mon cher Gerald, — dit le marquis en interrompant le jeune duc, — nous ne pouvons plus toucher à ces gens-là... pas même du pied ; maintenant ils appartiennent à la cour d'assises.

Et, s'adressant au pieux jeune homme

et à de Ravil qui, reprenant leur cynique audace, semblaient vouloir faire tête à l'orage :

— Monsieur Macreuse... — dit le bossu, — depuis votre ralliement à M. de Ravil, sachant de quoi tous deux vous étiez capables, je vous ai fait surveiller par un homme à moi.

— De l'espionnage?... — dit Macreuse, avec un sourire sardonique et hautain, — cela ne m'étonne pas.

— Certainement, de l'espionnage, — reprit le bossu. — Est-ce que l'on procède jamais autrement avec les repris de justice?... Intéressante position qu'était la vôtre, depuis que je vous avais mis au pilori...

— Monsieur est justicier, apparemment? — reprit de Ravil en ricanant à froid, — grand justicier peut-être?

— Grand?... non, — reprit le bossu, — je fais justice selon ma pauvre petite taille, comme vous voyez, et le hasard se plaît quelquefois à m'aider singulièrement; ainsi, ce matin, ce hasard m'avait fait vous apercevoir chez un serrurier... vous lui apportiez une clé... cela a éveillé mes soupçons... j'ai fait redoubler de surveillance : ce soir, vous et votre complice avez été suivis jusqu'ici par deux hommes à moi : l'un est resté au dehors de la porte, que l'on venait de vous voir ouvrir avec une fausse clé; l'autre est accouru me prévenir et il est allé ensuite de ma part avertir un commissaire de police... qui, en ce moment, doit vous attendre au bas de l'escalier dérobé, afin de vous édifier vous et votre digne ami sur les inconvénients auxquels s'exposent les gens qui s'introduisent nuitamment avec fausses clés dans une maison habitée...

A ces mots, Macreuse et de Ravil se regardèrent en frémissant et devinrent livides.

— C'est là un cas de galères ou peu s'en faut, je crois, — dit le bossu, — mais M. de Macreuse jouera là au saint Vincent-de-Paule, et, par ses vertus chrétiennes, il fera l'admiration de MM. ses collègues du bonnet rouge.

A ce moment l'on entendit un bruit de pas du côté de la chambre de la gouvernante de mademoiselle de Beaumesnil.

— M. le commissaire a vu que vous ne descendiez pas, — dit le marquis aux deux complices atterés, — et il s'est donné la peine de monter vous chercher ; c'est fort obligeant de sa part.

En effet, la porte s'ouvrit presque aussitôt, et un commissaire suivi d'agents, dit à Macreuse et à de Ravil :

— Au nom de la loi je vous arrête... et je vais en votre présence rédiger un procès-verbal des faits dont vous êtes inculpés.

— Allons, mes enfants, — dit le marquis à Herminie et à Ernestine, — laissons ces messieurs à leurs affaires ; nous, allons attendre chez madame de la Rochaiguë le retour de votre tuteur.

— La déposition de ces demoiselles me sera tout à l'heure indispensable, Monsieur le marquis... — dit le commissaire, — et j'aurai l'honneur de me rendre auprès d'elles...

. . . .

Au bout d'une heure, le fondateur de l'*OEuvre de Saint-Polycarpe* et son complice étaient conduits au dépôt de la préfecture, sous la prévention de s'être introduits nuitamment, à l'aide de fausses clés, dans une maison habitée, et de s'y être livrés à des menaces et à des violences.

Au retour de M. et de madame de la Rochaiguë, il fut convenu qu'Ernestine et Herminie partageraient l'appartement de la baronne jusqu'au lendemain.

Au moment de quitter les jeunes filles, le bossu leur dit en souriant :

— J'ai fait beaucoup de besogne depuis tantôt... j'ai arrangé l'affaire des contrats, et ils se signeront demain soir, à sept heures, chez Herminie.

— Chez moi! quel bonheur! — dit *la duchesse*.

— N'est-ce pas toujours chez la mariée qu'il est d'usage de le signer? — dit le marquis en souriant de nouveau... — Et comme l'affection qui vous lie, vous et Ernestine, vous rend à peu près sœurs...

— Oh! sœurs tout-à-fait! — dit mademoiselle de Beaumesnil.

— Eh bien! alors, Mademoiselle la sœur cadette, — reprit le bossu, — la différence veut, dans cette circonstance, que les contrats soient signés chez la sœur aînée.

Le surlendemain, en effet, Herminie, radieuse, faisait d'importants préparatifs dans sa coquette petite chambre pour la signature des contrats de *la plus riche héritière de France* et de la fille adoptive de M. le marquis de Maillefort, prince-duc de Haut-Martel... adoption dont la pauvre artiste n'avait pas encore été instruite.

VIII

Herminie n'était pas seule à faire des préparatifs pour la signature du contrat de son mariage et de celui d'Ernestine; tout était aussi en joyeux émoi dans certain modeste petit ménage des Batignolles.

Le commandant Bernard, Gerald et Olivier avaient voulu ce soir là se réunir à diner, sous cette même tonnelle où, plusieurs mois auparavant, s'était passée l'exposition de ce récit; l'on devait ensuite se rendre chez Herminie pour la signature du contrat.

Une magnifique soirée d'automne avait favorisé le projet des trois amis.

Madame Barbançon s'était surpassée; cette fois, prévenue d'avance, elle avait pu soigner avec la plus grande sollicitude un triomphant pot-au-feu, auquel succédèrent de succulentes côtelettes, un superbe poulet rôti et des œufs à la neige, baignant leur blancheur immaculée dans une onctueuse crème à la vanille.

Ce menu bourgeois atteignait au *nec plus ultra* des magnificences culinaires de madame Barbançon ; mais, hélas ! malgré l'excellence de ce repas, les trois convives y faisaient peu d'honneur, la joie leur ôtait l'appétit, et la ménagère, dans sa douleur, comparait cette désolante inappétence à la faim de soldat dont Gerald et Olivier avaient fait si vaillamment preuve plusieurs mois auparavant, en mangeant deux fois de sa vinaigrette improvisée.

Madame Barbançon venait de desservir le poulet presque intact ; elle plaça sur la table de la tonnelle, les œufs à la neige, disant entre ses dents :

— Au moins, ils videront ce plat là... ça se mange sans faim... c'est un mets d'amoureux.

— Diable ! maman Barbançon, dit joyeusement le commandant Bernard, voilà un plat qui me rappelle les bancs de neige de Terre-Neuve... quel dommage que nous n'ayons plus la moindre faim.

— Grand dommage, — dit Gerald, — car madame Barbançon s'est montrée aujourd'hui un vrai cordon bleu.

— Voilà des œufs à la neige comme on n'en voit jamais, — ajouta Olivier, — mais du moins nous les mangeons... du regard.

La ménagère, ne pouvant croire encore à ce cruel et dernier affront, dit d'une voix contenue :

— Ces Messieurs... plaisantent?

— Plaisanter avec une chose aussi sérieuse que vos œufs à la neige, maman Barbançon... du diable si je l'oserais, — dit le commandant. — Seulement, comme nous n'avons plus faim... il nous est impossible de goûter à votre chef-d'œuvre.

— Absolument impossible... — répétèrent les deux jeunes gens.

La ménagère ne dit mot, mais sa physionomie contractée trahissait assez la violence de ses ressentiments; elle saisit convulsivement une assiette, y servit presque la moitié du plat, et la plaça devant le commandant ébahi, en lui disant avec un accent d'irrésistible autorité :

— Vous, Monsieur..... vous en mangerez...

— Maman Barbançon, écoutez-moi.

— Il n'y a pas de maman Barbançon qui tienne, c'est la seconde fois que j'ai l'occasion de faire des œufs à la neige depuis dix ans ; je les ai soignés en l'honneur du mariage de M. Olivier et de M. Gerald... il n'y a pas de si, ni de mais... vous en mangerez.

L'infortuné vétéran, ne voyant autour de lui que des visages ennemis, car Gerald et Olivier, les traîtres, paraissaient soutenir la ménagère, le vétéran essaya pourtant un accommodement.

— Eh bien! j'en mangerai demain... vrai, maman Barbançon.

— Comme si des œufs à la neige se gardaient! — dit la ménagère en haussant les épaules.

— Pourtant... je ne...

— Vous en mangerez à l'instant...

— Mais, par les cornes du diable! s'écria le vétéran, — je ne peux pourtant pas me crever... pour...

— Vous crever!..... avec des œufs à la neige faits par moi... — s'écria la ménagère avec autant d'amertume et de douleur que si son maître lui eût dit une mortelle injure, — vous crever! Ah! je ne m'attendais... pas... après dix ans de service... et dans un si beau jour... que celui d'aujourd'hui, où M. Olivier doit prendre femme, à m'entendre... traiter... de... la... sorte.

Et la digne femme se prit à sangloter.

— Allons bon... des larmes à présent, —

dit le vétéran…—mais, en vérité, ma chère… vous êtes folle, ma parole d'honneur.

— Vous crever !!!… Ah ! je l'aurai longtemps sur le cœur, ce mot là.

— Allons… tenez… j'en mange… là… voyez-vous, j'en mange, — dit le malheureux commandant en avalant à la hâte quelques cuillerées — ils sont parfaits… divins, vos œufs à la neige… êtes-vous contente ?

— Eh bien ! oui, Monsieur… là… ça me satisfait, — dit la ménagère en essuyant ses larmes, — une si bonne crème… même que je me disais en la tournant, il faudra que je donne ma recette à la petite femme de M. Olivier ; pas vrai, Monsieur Olivier ?

— Certainement, Madame Barbançon, mademoiselle Ernestine sera, j'en suis sûr, une excellente ménagère.

— Et les cornichons que je lui apprendrai à faire ?... Verts comme prés... croquants comme des noisettes... soyez tranquille, Monsieur Olivier, vous verrez les bons petits fricots que nous vous ferons, nous deux votre femme.

Gerald, à qui M. de Maillefort avait dû confier le secret du double personnage de mademoiselle de Beaumesnil, Gerald ne put s'empêcher de rire aux éclats à cette pensée de madame Barbançon communiquant ses recettes culinaires à *la plus riche héritière de France*.

— Vous riez, Monsieur Gerald ? — dit la

ménagère, — est-ce que vous croyez que mes recettes ?...

— Allons donc, madame Barbançon, j'y crois comme à l'Évangile, à vos recettes ; je ris... parce que je suis content. Que voulez-vous ? un jour de mariage... c'est si naturel !

— Cependant, — reprit madame Barbançon d'un air sombre et mystérieux, — l'on a vu des monstres qui n'étaient que plus féroces le jour de leur mariage.

— Ah bah !

— Tenez, monsieur Gerald, le jour de *son* mariage avec Marie-Louise..... savez-vous comment IL s'est comporté... le scélérat ! (madame Barbançon croyait superflu de signaler par son nom l'objet de son exécration.)

— Voyons ça, maman Barbançon, — dit le commandant Bernard, — après, vous nous donnerez le café... car voilà bientôt six heures.

— Eh bien ! Monsieur, celui que vous aimez tant, a été, le jour de son mariage avec Marie-Louise, pis qu'un tigre pour cet amour de petit roi de Rome, qui, joignant ses petites mains, lui disait, de sa petite voix douce : Papa empereur... n'abandonne pas pauvre maman Joséphine...

— Ah ! très bien, j'y suis, dit Gerald avec un beau sang-froid, vous parlez du roi de Rome, fils de Joséphine.

— Certainement, Monsieur Gerald, il n'y en a pas d'autres. Mais, ça n'est rien encore, auprès de ce que notre scélérat a osé faire au saint-père, sur les propres marches du maître-autel de Notre-Dame.

— Ah ! diable !

— Et quoi donc ?

— Y paraît, — reprit madame Barbançon d'un ton sentencieux, — y paraît que dans les couronnements, les papes ont l'amour-propre (tiens, après tout, un chien regarde bien un évêque, ajouta la ménagère en manière de parenthèse), les papes ont donc l'amour-propre de prendre la couronne et de la mettre eux-mêmes sur la tête des autres, quand ils les couronnent; vous pensez comme ça chaussait votre Buonaparte qui était déjà comme un crin d'avoir eu à baiser la mule du pape en plein Carrousel devant ses sacripans de la vieille garde... mais il l'a baisée...

le scélérat... il l'a bien fallu... sans cela le *petit homme rouge* qui était contre Roustan, et pour le pape, lui aurait pendant la nuit tordu le cou.

— Au pape?

— A Roustan?

—Mais non, Messieurs, mais non, à Buonaparte. Enfin, n'importe, au moment où notre saint-père allait le couronner, voilà-t-il pas mon scélérat d'ogre de Corse qui vous empoigne, comme un grossier qu'il était, la couronne des mains du pauvre saint-père, se la met d'une main sur la tête, tandis que, de l'autre main, il vous flanque un grand renfoncement sur le bonnet du saint-père, comme pour dire au peuple français : *Enfoncés la religion, le clergé et tout...* il *n'y a que moi qu'on doive adorer à genoux*... même que, du contre-coup, le pauvre saint-père est tombé assis sur les marches de l'autel, avec son bonnet enfoncé sur les yeux, et qu'il a remercié la Providence en latin... Agneau d'homme, va ! C'est donc pour vous dire, Monsieur Olivier, — ajouta la ménagère en forme de conclusion et de moralité — qu'il y a des ogres de Corse que le mariage rend encore plus féroces... tandis que je suis sûre que vous et M. Gerald, le mariage avec de gentilles petites femmes comme doivent être les vôtres, vous rendra encore plus gentils.

Et la ménagère se hâta d'aller chercher le café et de le servir pendant que le commandant Bernard bourrait sa vieille pipe de Kummer.

A l'hilarité causée par les histoires de madame Barbançon, succéda chez le vieux marin et chez les deux jeunes gens un ordre d'idées plus élevées.

— Cette brave femme, — reprit Gerald, — malgré toutes ses excentricités, a raison, en cela qu'elle nous dit que notre mariage augmentera ce qu'il y a de bon en nous... Il me semble que cela doit être ainsi, n'est-ce pas, Olivier ?

Mais, voyant son ami absorbé dans une sorte de rêverie, Gerald lui mit affectueusement la main sur l'épaule et lui dit :

— A quoi penses-tu Olivier ?

— Je pense, mon bon Gerald, qu'il y a six mois... nous étions assis à cette même table...

où je t'ai parlé pour la première fois de cette charmante jeune fille, surnommée *la duchesse*... et que tu m'as dit en riant; — Bah! les duchesses... je ne connais que cela... j'en ai assez! — et pourtant la voilà, grâce à toi, vraiment duchesse, et duchesse de Senneterre..... Combien les destinées sont bizarres!

— Vous avez raison, mes enfants, — dit le vieux marin... — il y a un grand charme dans ce regard jeté sur le passé... quand le présent est heureux. Il y a six mois, en effet, qui m'aurait dit que mon brave Olivier épouserait une gentille et vaillante créature qui m'aurait sauvé la vie au péril de la sienne?

— Et qui eût dit surtout, reprit Gerald, en regardant très attentivement Olivier, — que cette mademoiselle de Beaumesnil, dont nous avons tant parlé, et sur qui on avait pour moi des projets de mariage, deviendrait amoureuse d'Olivier ?

— Ne parlons plus de cette folie, Gerald, — dit en riant le jeune officier, — un caprice d'enfant gâtée... caprice qui, j'en suis sûr, se serait passé aussi vite qu'il était venu.

— Tu te trompes, Olivier, — reprit gravement Gerald, — j'ai eu occasion de voir mademoiselle de Beaumesnil et de causer avec elle ; aussi je t'assure que quoiqu'elle ne soit pas plus âgée que ta chère et charmante Ernestine... ce n'est pas une enfant capricieuse et gâtée... mais une jeune fille remplie de raison et d'esprit.

— Mon avis à moi, — reprit gaîment le commandant Bernard, — est que mademoiselle de Beaumesnil est du moins une fille de très bon goût, puisqu'elle voulait de mon Olivier... mais il était trop tard... la place était prise... par notre chère petite Ernestine... qui n'a pas de millions à remuer à la pelle, c'est vrai, mais qui a bien le plus vaillant petit cœur que je connaisse.

— Oui, vous avez raison, mon oncle, — reprit Olivier, — la place... était prise, oh! bien prise... et ne l'eût-elle pas été...

— Que veux-tu dire? — reprit Gerald en regardant son ami avec une attention croissante, — si tu avais eu le cœur libre, pourquoi n'aurais-tu pas épousé mademoiselle de Beaumesnil?

— Allons, Gerald... tu es fou.

— Comment ?

— Rappelle-toi donc ce que toi-même disais ici, à cette table, il y a quelques mois : « qu'un homme puissamment riche épouse « une jeune fille pauvre parce qu'elle est « charmante et digne de lui, tout le monde « l'approuve ; mais qu'un homme qui n'a « rien se marie à une femme qui lui apporte « une fortune énorme, c'est honteux. » Ne sont-ce pas là les paroles de Gerald, mon oncle ?

— Précisément, mon garçon.

— Un instant, — s'écria Gerald qui ne put s'empêcher de témoigner une vive inquiétude, — rappelle-toi aussi, Olivier, que tu

me disais toi-même pour vaincre mes scrupules au sujet de mademoiselle de Beaumesnil : « Il est évident que si, malgré son im-
« mense fortune, tu aimes aussi sincèrement
« cette jeune personne que tu l'aurais aimée
« pauvre et sans nom, la susceptibilité la
« plus ombrageuse ne pourrait qu'approu-
« ver un pareil mariage. » Je vous demande à mon tour, mon commandant, si tel n'a pas été l'avis d'Olivier que vous avez vous-même partagé?

— C'est vrai, Monsieur Gerald, et rien n'était plus raisonnable et plus juste que cet avis-là ; mais, Dieu merci ! nous n'avons pas à examiner de nouveau cette question toujours si délicate. Olivier a agi en honnête homme en refusant ce mariage millionnaire parce qu'il aimait ailleurs; c'est bien... mais c'est tout simple, et ce n'est, pardieu! ni vous ni moi, n'est-ce pas, Monsieur Gerald, qui nous étonnerons de cela, puisque vous faites, comme Olivier, un mariage d'amour.

— Oh! d'amour! c'est le mot, — dit le jeune officier avec expansion; — Ernestine est si douce, si bonne, si spirituelle dans sa naïveté, et puis la pauvre enfant est si reconnaissante de ce qu'un *gros seigneur* comme moi, — ajouta Olivier en souriant, — veuille bien l'épouser; et puis encore, si tu savais, Gerald, quelle ravissante lettre elle m'a écrite hier, pour me dire que sa parente consentait à tout, et que si mes intentions n'étaient pas changées, le contrat se signerait aujourd'hui!... Rien de plus simple... et pourtant rien de plus délicat, de plus touchant que cette lettre où un naturel exquis perce à chaque ligne... Du reste, Ernestine est telle que je l'avais d'abord jugée d'après sa physionomie.

— On n'en peut voir de plus attrayante, — dit le vieux marin.

— N'est-ce pas, mon oncle? elle n'a pas sans doute de régularité dans les traits;... mais quel doux regard, quel charmant sourire, avec ses jolies dents blanches... et ses beaux cheveux bruns, sa taille élégante... et sa main si petite... et son pied à tenir dans la main!...

— Olivier, mon garçon, — dit le marin, en tirant sa montre, à force de parler de ton amoureuse... tu oublies l'heure d'aller la rejoindre... sans compter qu'il faut que M. Gerald ait le temps de se rendre auprès de sa mère, pour être de retour avec elle chez mademoiselle Herminie...

— Nous aurons le temps, mon commandant, — dit Gerald, mais je ne puis vous dire combien je suis heureux de voir Olivier si amoureux... si amoureux de toutes façons... de son Ernestine.

— Oh! de toutes façons, mon brave Gerald... sans compter que je l'aime encore passionnément, parce qu'elle est la meilleure amie de ta vaillante Herminie.

— Tiens, Olivier, — dit Gerald, c'est à devenir fou de penser à tant de bonheurs réunis, à une félicité pareille, après tant de difficultés, — tant d'obstacles... Allons, à tout à l'heure... mon ami, mon frère,... car nous pouvons nous dire que nous épousons les deux sœurs, ou qu'elles épousent les deux frères, et... ma foi! les larmes me viennent aux yeux... malgré moi. Allons, embrasse-moi, Olivier... vaut mieux que ça parte ici... Nous aurions eu l'air par trop bêtes devant les grands parents...

Et les deux jeunes gens s'embrassèrent avec une tendresse fraternelle, pendant que le commandant Bernard, voulant maintenir sa gravité de *grand parent*, dissimulait son émotion en fumant sa pipe avec des aspirations étrangement précipitées.

Gerald sortit en toute hâte afin d'aller retrouver sa mère et de se rendre avec elle chez Herminie.

Olivier et le vieux marin s'apprêtaient à sortir, lorsqu'ils furent arrêtés par madame Barbançon qui, s'avançant à pas comptés, tenait étendue sur la paume de ses deux mains, de crainte de la salir, une superbe cravate de mousseline blanche, toute pliée, prête à être mise, que l'empois rendait d'une raideur effrayante.

— Que, diable! est cela, maman Barbançon? — dit le vétéran qui avait déjà pris sa canne et son chapeau. — On dirait que vous portez une châsse à la procession.

— Monsieur, — dit la brave ménagère avec une joie contenue, — c'est une cravate pour vous, une petite surprise que je me suis permis de vous faire... sur mes économies... car, vous n'avez que votre vieille cravate noire... à mettre pour ce jour... ce beau jour... et j'ai... j'ai pensé... que...

La digne femme, que le mariage d'Olivier portait à l'attendrissement, n'acheva pas, et se mit à fondre en larmes.

Le vieux marin, quoiqu'il regimbât intérieurement contre la pensée d'emprisonner son cou dans cette étoffe raide, comme du carton, fut si touché de l'attention de sa ménagère, qu'il dit d'une voix un peu émue :

— Ah! maman Barbançon... maman Barbançon... voilà des folies... je vous gronderai!

— Elle est brodée aux quatre coins d'un J et d'un B, *Jacques Bernard*... — dit la ménagère, en faisant remarquer cette broderie avec un certain orgueil.

— C'est pourtant vrai ! c'est mon chiffre ; vois donc, Olivier, — dit le bonhomme, ravi de cette attention, et il reprit :

— Brave... et bonne femme, allez... vrai ça me fait plaisir, mais bien plaisir.

— Oh ! merci, Monsieur... — dit madame Barbançon, toute émue, toute joyeuse, comme si elle eût reçu la plus généreuse récompense ; puis elle reprit :

— Mais il se fait tard... voilà six heures et demie passées... vite... Monsieur... je vas vous la mettre.

— Mettre quoi, maman Barbançon?

— Mais, la cravate, Monsieur.

— Moi!... du diable, si...

A un coup-d'œil suppliant et significatif d'Olivier, le vieux marin réfléchit au chagrin qu'il causerait à sa ménagère en refusant de se parer de ses dons; d'un autre côté, le bonhomme n'avait de sa vie mis de cravate blanche, et il frémissait à l'idée de cette espèce de carcan. Cependant, sa bonté naturelle l'emporta; il étouffa un soupir, et livra son cou à madame Barbançon en disant, afin de terminer sa phrase d'une manière flatteuse pour sa gouvernante :

— Je voulais dire : du diable... si... je refuse maman Barbançon, mais c'est trop beau pour moi.

— Il n'y a rien de trop beau pour un pareil jour, Monsieur, — dit la ménagère en finissant d'arranger la cravate autour du cou de son maître, — c'est bien dommage que vous n'ayez pour vous faire de fête que ce vieil habit bleu, qui date déjà de sept ans... mais enfin, avec votre belle croix d'officier de la Légion-d'Honneur, cette rosette neuve et du beau linge, — ajouta la ménagère, qui, se complaisant dans son œuvre, donnait un libre essor aux deux bouts de la cravate, qui se déployèrent comme deux oreilles de lièvre gigantesques; — oui, — reprit-elle, — avec du beau linge coquettement mis... l'on n'a à rougir à côté de personne. Ah! Monsieur, —

ajouta-t-elle en se reculant de quelques pas pour mieux juger de l'effet de la cravate, — ça vous rajeunit de vingt ans, avec votre barbe fraîche, n'est-ce pas, Monsieur Olivier ?... Et puis, c'est cossu, parole d'honneur... vous avez l'air d'un notaire retiré...

Le malheureux commandant, le cou emprisonné dans cette cravate, qui lui montait jusqu'au milieu des joues, se tourna tout d'une pièce en face d'une petite glace... placée au-dessus de la cheminée de sa chambre et, il faut l'avouer, le digne homme se raccommoda fort avec la cravate blanche, dont le nœud à oreilles de lièvre lui paraissait surtout d'un fort bon air ; il se sourit discrètement à lui-même en se disant :

— C'est dommage que ça vous empêche

de tourner la tête;... mais, comme dit maman Barbançon, — ajouta-t-il avec une nuance de fatuité, — c'est assez cossu... et pas mal rentier.

Et le vieux marin passa, ma foi! très coquettement sa main dans ses cheveux blancs coupés en brosse.

— Mon oncle, voilà sept heures moins un quart, — dit Olivier avec une impatience d'amoureux.

— Allons, mon garçon... partons... Maman Barbançon... donnez-moi ma canne et mon chapeau, — dit le vieux marin en se mouvant tout d'une pièce, car il craignait de déranger l'économie du fameux nœud à oreilles de lièvre.

La soirée était magnifique, le trajet des Batignolles à la rue de Monceaux fort court. Le commandant Bernard et Olivier se rendirent modestement à pied chez Herminie.

Heureusement, le mouvement involontaire de la marche affaissa les plis rebelles de la terrible cravate du commandant, et s'il avait l'air moins *cossu*, moins *rentier*, lorsqu'il fut sur le point d'entrer chez Herminie, rien du moins dans la mise plus que modeste du vieux marin ne nuisait à la noble expression de sa mâle et loyale figure.

XI

Dans la soirée de ce jour, où devait se signer le double contrat de mariage, M. Bouffard, le propriétaire de la maison où demeurait Herminie, *sa pianiste* (ainsi qu'il disait possessivement, depuis que la jeune fille donnait des leçons de musique à mademoiselle Cornélia), M. Bouffard était venu, après son dîner, faire, selon l'expression de ce digne représentant du pays légal, *sa ronde-major*, car l'échéance du terme d'octobre approchait.

Il était environ six heures et demie du soir.

M. Bouffard, assis familièrement dans la loge de madame Moufflon, sa portière, s'enquérait d'elle si les différents locataires *flairaient bon* aux approches du terme. (En argot de propriétaire : — si les locataires n'avaient pas l'air inquiet, à mesure que le moment de la fatale échéance approchait.)

— Mais non, monsieur Bouffard, — disait madame Moufflon, — ils ne flairent pas trop mauvais ;... il n'y a que le petit troisième...

— Eh bien! le petit troisième? — dit M. Bouffard avec inquiétude.

— En emménageant ici, il y a trois mois, il était grossier comme pain d'orge... et à mesure que le terme approche il devient pour moi d'un poli... mais d'un poli... dégoûtant.

— Il faut me surveiller ce gaillard-là... et d'un bon œil, mère Moufflon... c'est suspect... Ah! quel dommage que ce beau jeune homme... qui avait payé le terme de *ma pianiste*... n'ait pas voulu y mordre, à ce petit troisième, ce n'est pas lui qui...

M. Bouffard n'acheva pas. Soudain deux ou trois coups de marteau retentirent si bruyamment à la porte cochère, que madame Moufflon et son maître bondirent sur leur chaise.

— Ah! par exemple! — dit M. Bouffard, — voilà qui est frappé... comme je n'oserais pas frapper moi-même... moi propriétaire de ma maison. Voyons donc un peu voir quel est ce sans-gêne? — ajouta M. Bouffard en s'avançant sur le seuil de la porte de la loge pendant que la portière tirait le cordon.

— Porte, s'il vous plaît! — cria une voix de Stentor.

Et refermant sur lui le ventail, l'homme à la voix de Stentor sembla annoncer ainsi, qu'il fallait ouvrir les deux battants de la porte-cochère pour donner entrée à une voiture.

M. Bouffard et sa portière, stupéfaits de cette innovation, restaient immobiles et béants, lorsqu'ils virent sortir de la pénombre de la voûte, un valet de pied, poudré à blanc, de la taille d'un tambour-major, et portant une grande livrée bleu-clair et jonquille, galonnée d'argent.

— Allons donc… vite la porte, — dit brusquement le géant galonné.

M. Bouffard fut si saisi, qu'il salua le grand laquais.

Celui-ci reprit :

— Ah çà ! finirez-vous par ouvrir votre porte ? c'est embêtant à la fin ; le prince attend…

— Le prince ! — s'écria M. Bouffard, sans

bouger de place, et il salua de nouveau et plus profondément encore le grand laquais.

A ce moment, un autre coup de marteau non moins impérieux retentit.

Madame Moufflon tira le cordon par un mouvement automatique, comme elle le tirait en dormant, et une nouvelle voix cria du fond de la voûte :

— Porte... s'il vous plaît?

Puis un autre valet de pied, portant, celui-là, livrée verte et amaranthe à galons d'or, se dirigea vers la loge devant laquelle il reconnut un confrère, car il lui dit :

— Tiens, Lorrain, c'est toi?... Je viens de voir la voiture de ton maître... Eh bien! on n'ouvre pas?... Ah çà! les portiers et les portières sont donc empaillés ici?...

— C'est vrai, on dirait qu'ils ont des yeux de verre... Regarde-les donc, ils ne bougent pas.

— Ah bon ! — dit l'autre laquais, c'est madame la duchesse qui ne va pas s'impatienter... elle qui en a... de la patience !

— Madame la duchesse ? — dit M. Bouffard, de plus en plus effaré, mais toujours immobile.

— Ah çà ! tonnerre de Dieu ! ouvrirez-vous, à la fin ?... — dit un des laquais.

— Mais, Monsieur... chez qui allez-vous, d'abord ? — reprit M. Bouffard, sortant de sa stupeur. — Qui demandez-vous ?...

— Mademoiselle Herminie... — dit le grand laquais, avec une sorte de déférence pour la personne que son maître venait visiter.

— Oui... mademoiselle Herminie, — reprit l'autre.

— La petite porte, sous la voûte, à main gauche, — reprit la portière de plus en plus ébahie. — Je vas ouvrir.

— Un prince... une duchesse... chez *ma pianiste!* — s'écria M. Bouffard.

Bientôt de nouveaux coups de marteau, presque furieux cette fois, se firent entendre; madame Moufflon tira le cordon, et un valet de pied, à livrée brune, à collet bleu de ciel, vint compléter cet encombrement de laquais, en criant:

— Ah çà! on est donc sourd ou mort ici?... la porte donc... Eh! la porte?

M. Bouffard, éperdu, prit un parti héroïque.

Pendant que la portière se préparait à annoncer chez Herminie, ses aristocratiques visiteurs, l'ex-épicier se décida à aller ouvrir les deux battants de la porte cochère, et il n'eut que le temps de se coller contre le mur pour n'être pas atteint par les larges poitrails de deux grands et superbes chevaux gris, attelés à un élégant coupé bleu, qui entrèrent impétueusement, et qui, habilement menés par un gros cocher à perruque, s'arrêtèrent court à un signe d'un des valets de pied posté devant la petite porte d'Herminie.

Un petit bossu et un gros homme, tous deux vêtus de noir, descendirent de cette étincelante voiture, et madame Moufflon s'empressa d'aller annoncer à la pianiste de M. Bouffard :

— Monsieur Leroi, notaire !

— Monsieur le prince-duc de Haut-Martel !

A peine la première voiture était-elle sortie de la cour, qu'une très belle berline, largement armoriée, y entra; deux femmes et un jeune homme descendirent de cette voiture, et madame Moufflon, qui se croyait somnambule, annonça de nouveau à la *pianiste* de M. Bouffard :

— Madame la duchesse de Senneterre !

— Mademoiselle Berthe de Senneterre !

— Monsieur le duc de Senneterre !

Un élégant brougham ayant succédé aux deux premières voitures, un autre personnage en descendit, et madame Moufflon annonça :

— Monsieur le baron de la Rochaiguë !

Puis, enfin, quelques minutes après, la portière introduisit chez Herminie des personnes moins aristocratiques :

— Monsieur le commandant Bernard !

— Monsieur Olivier Raimond !

— Mademoiselle Ernestine Vert-Puis !

— Madame Lainé !

Ces deux dernières personnes étaient venues modestement en fiacre.

Après quoi, madame Moufflon rejoignit

son maître qui, suant à grosses gouttes, tant sa curiosité était vivement excitée, se promenait de long en large sous la voûte de sa porte cochère, se disant :

— Mon Dieu! mon Dieu! que peuvent donc venir faire chez *ma pianiste* ces grands seigneurs et ces grandes dames? Qu'en pensez-vous, mère Moufflon?

— Monsieur, moi, d'abord, je suis si ahurie, que j'y vois trente-six chandelles, je crains un coup de sang, et je vas me flanquer la tête dans le baquet de ma fontaine pour me remettre. En usez-vous?

— J'y suis, — s'écria l'ex-épicier triomphant, — c'est un concert... ma pianiste donne un concert!

— Ah bien oui! — dit la portière, — la dernière fois que j'ai annoncé, j'ai vu que les dames avaient déposé leurs mantelets sur le piano qui était bien fermé, ma foi! et que tout le monde était rangé en rang d'oignons, tandis que le notaire...

— Quel notaire?... Il y a un notaire?

— Oui, Monsieur... et un superbe encore! un gros fort homme; il a deux fois du ventre comme vous, même que je l'ai annoncé : Monsieur Leroi, notaire; il est assis devant la table à mademoiselle Herminie, avec des papiers devant lui, et une bougie de chaque côté, comme un joueur de gobelets.

— C'en est peut-être un! — s'écria M. Bouffard, — ou bien un tireur de cartes.

— Mais, puisque je vous dis, Monsieur, que je l'ai annoncé comme notaire.

— C'est vrai, — dit le représentant du pays légal, en se rongeant les ongles, — c'est vrai... Enfin, n'importe, je reste là tout le temps, et peut-être attraperai-je quelque chose au passage, lorsque le monde sortira.

Et M. Bouffard se mit à *croiser* de long en large devant la loge de la portière.

Jamais, comme on le pense bien, plus brillante réunion n'avait été rassemblée dans la modeste petite chambre d'Herminie.

La jeune fille jouissait d'un bonheur bien grand, en contemplant ce dénoûment inespéré d'un amour traversé par tant d'épreuves ; mais ce qui lui causa l'émotion la plus ineffable, fut de recevoir chez elle mademoiselle Berthe de Senneterre, la sœur de Gérald, la fille aînée de la duchesse.

— Ah! Madame, — lui dit Herminie d'une voix pénétrée, et les yeux baignés de douces larmes, car elle comprenait la délicatesse exquise du procédé de la mère de Gérald; celle-ci pouvait-elle offrir une réparation plus évidente de ses dures paroles de la veille, qu'en amenant sa fille chez Herminie! — Ah! Madame... — reprit donc la jeune artiste, — voir ici mademoiselle de Senneterre... c'eût été mon plus vif désir... si j'avais osé espérer cet honneur.

— Berthe prend trop de part au bonheur de son frère, pour n'avoir pas voulu être une des premières à complimenter sa chère belle-sœur, — répondit madame de Senneterre du ton le plus affectueux; puis, mademoiselle de Senneterre, ravissante personne, car elle ressemblait beaucoup à Gerald, dit à Herminie, avec une amabilité charmante :

— Oui, Mademoiselle... je tenais à être la première à vous complimenter... car mon frère est bien heureux! et je le sais, je le vois... il a mille raisons de l'être!

— Je voudrais, Mademoiselle, être plus digne encore d'offrir à M. de Senneterre le seul bonheur de famille qui lui manque, — répondit Herminie.

Et pendant que les deux jeunes filles, continuant d'échanger d'affectueuses paroles, prolongeaient cette petite scène, durant laquelle Herminie faisait preuve d'un tact parfait, d'une rare distinction de manières et d'une dignité remplie de grâce et de modestie, le bossu, de plus en plus ravi de sa fille adoptive, dit tout bas à madame de Senneterre, en lui montrant d'un coup-d'œil la jeune artiste :

— Eh bien !... voyons... franchement... est-il possible d'être mieux en toutes circonstances ?

— C'est inouï... elle a le meilleur et le plus grand air du monde; joint à une convenance et une mesure admirables; enfin, que voulez-vous que je vous dise, marquis, — ajouta naïvement et consciencieusement madame de Senneterre, — elle est née *duchesse*... voilà tout.

— Et que pensez-vous du fiancé de mademoiselle de Beaumesnil... l'ami intime, le frère d'armes de Gérald ?

— Vous me mettez à une rude épreuve, marquis, — répondit madame de Senneterre en étouffant un soupir, — mais je suis obligée de convenir qu'il est charmant et d'une tournure parfaitement distinguée ; il n'y a vraiment presque aucune différence entre ce monsieur et un homme de notre société... Savez-vous que c'est incroyable comme ces classes-là se débourrent, se décrassent... Ah ! marquis !... marquis ! je ne sais pas où nous allons.

— Nous allons... signer les contrats... ma chère duchesse... mais, je vous en supplie, — ajouta le bossu en parlant tout-à-fait bas à madame de Senneterre, — pas un mot qui puisse faire soupçonner à l'ami de Gerald que cette pauvre petite fille... en robe de mousseline de laine, est mademoiselle de Beaumesnil.

— Soyez donc tranquille, marquis, quoique ceci me paraisse inconcevable, je me tairai. Ai-je manqué de discrétion au sujet de l'adoption d'Herminie?... Mon fils l'ignore encore; mais il va pourtant falloir que ces mystères s'éclaircissent à la lecture des contrats qui va avoir lieu...

— Ceci me regarde, ma chère duchesse, — dit le bossu, — tout ce que je vous demande, c'est de me garder le secret jusqu'à ce que je vous autorise à parler.

— C'est convenu.

Quittant alors madame de Senneterre

qui alla s'asseoir avec sa fille auprès d'Herminie, le bossu rejoignit le notaire qui paraissait relire attentivement les deux contrats, et lui fit à voix basse quelques dernières recommandations que le *garde-notes* accueillit avec un sourire d'intelligence ; après quoi le marquis dit à haute voix :

— Nous pouvons, je crois, entendre la lecture des contrats.

— Sans doute, — reprit madame de Senneterre.

Les différents acteurs de cette scène étaient placés ainsi :

Herminie et Ernestine, assises l'une à côté de l'autre, avaient, la première, à sa droite, madame et mademoiselle de Senneterre ; la seconde, à sa gauche, madame Lainé qui jouait son rôle muet d'une façon très convenable.

Debout, derrière Herminie et Ernestine, se tenaient Olivier, Gerald, le commandant Bernard et le baron de la Rochaigue, dont la présence, à cette réunion, étonnait singulièrement Olivier et lui causait une vague inquiétude, quoiqu'il fût toujours bien loin de se douter qu'Ernestine, la brodeuse, et mademoiselle de Beaumesnil ne fussent qu'une seule et même personne.

M. de Maillefort était resté à l'extrémité de la chambre, assis à côté du notaire, qui, prenant un des actes, dit au bossu :

— Nous allons commencer, si vous le voulez bien, monsieur le marquis, par le contrat de M. le duc de Senneterre.

— Certainement, — dit le bossu en souriant, — mademoiselle Herminie est l'aînée de mademoiselle Ernestine ; on lui doit cet honneur.

Le notaire, s'inclinant légèrement devant ses auditeurs, se disposait donc à lire le contrat de mariage d'Herminie, lorsque M. de la Rochaigue se leva, prit une pose des plus parlementaires, et dit gravement :

— Je demanderai à l'honorable assistance, la permission de présenter quelques observations avant la lecture du contrat.

X

Olivier Raimond, déjà très surpris de la présence du baron de la Rochaiguë, devint presque inquiet en l'entendant dire à l'assemblée :

—Je demande à présenter quelques observations à l'honorable assistance avant la lecture des deux contrats qu'elle se prépare à entendre.

— Monsieur le baron de la Rochaiguë a la parole, — reprit M. de Maillefort en souriant.

— Encore une fois, qu'est-ce que ce diable d'homme vient donc faire et dire ici? — reprit tout bas Olivier à Gerald.

— Je n'en sais, ma foi, rien, mon bon Olivier — répondit le duc de Senneterre de l'air du monde le plus candide, — écoutons, nous le saurons.

Le baron toussa, glissa la main gauche sous le revers de son habit, et dit de sa voix la plus grave :

— Au nom des intérêts qui me sont confiés,

je prie monsieur Olivier Raimond de vouloir bien répondre à quelques questions que je me permettrai de lui adresser.

— Je suis à vos ordres, Monsieur,—répondit Olivier de plus en plus surpris.

— J'aurai donc l'honneur de demander à monsieur Olivier Raimond si je ne lui ai pas proposé, en ma qualité de tuteur de mademoiselle de Beaumesnil, ayant pouvoir et mission de faire cette proposition; si je ne lui ai pas proposé, dis-je, la main de ma pupille, mademoiselle de Beaumesnil ?

A ces mots, Ernestine échangea un regard significatif avec M. de Maillefort.

— Monsieur...—répondit Olivier au baron en rougissant, aussi contrarié qu'embarrassé de cette interpellation à lui faite devant plusieurs personnes qu'il ne connaissait pas, — je ne comprends ni la nécessité, ni l'opportunité de la question que vous m'adressez.

— Je suis donc obligé de faire appel à la loyauté, à la sincérité, à la franchise bien connues de l'honorable assistant, — reprit solennellement le baron, — et de l'adjurer de répondre à cette question : Lui ai-je proposé, oui ou non, la main de ma pupille, mademoiselle de Beaumesnil?

— Eh bien! oui... Monsieur... — dit Olivier avec impatience, — cela est vrai.

— Monsieur Olivier Raimond, — reprit le baron, — n'a-t il pas refusé nettement, catégoriquement... positivement, cette proposition?

— Oui, Monsieur...

— L'honorable assistant ne m'a-t-il pas donné pour raison de son refus, « *un engage-* « *ment de cœur et d'honneur pris précédemment,* « *et qui devait, disait-il, assurer le bonheur de sa* « *vie ?* » Ne sont-ce pas là les propres paroles de l'honorable assistant ?

— Il est vrai, Monsieur, et, grâce à Dieu, ce qui était alors pour moi la plus chère des espérances... va devenir aujourd'hui une réalité,—ajouta le jeune homme en regardant Ernestine.

— Un tel désintéressement est vraiment inouï, dit à demi-voix la duchesse de Senneterre à sa fille. — C'est la fréquentation de ces gens-là qui a gâté notre pauvre Gerald.

Mademoiselle de Senneterre baissa les

yeux et n'osa pas répondre à sa mère, qui reprit :

— Mais, je n'y comprends plus rien.... puisque cet héroïque Monsieur refuse mademoiselle de Beaumesnil, que vient-elle faire ici... et son imbécile de tuteur aussi?... je m'y perds... Attendons.

Ernestine, malgré la joie et la fierté que lui causait cette espèce de publicité donnée à la noble conduite d'Olivier, n'était cependant pas encore absolument rassurée au sujet des scrupules qu'il pouvait ressentir en apprenant que la *petite brodeuse* était mademoiselle de Beaumesnil.

— Je n'ai plus qu'à remercier M. Olivier Raimond, de la loyauté de ses réponses, — dit le baron en se rasseyant, — et l'honorable assistance voudra bien prendre acte des nobles paroles de mon interlocuteur.

— Pourquoi, diable, ce gaillard à longues dents, et qui est aussi important qu'un Suisse de cathédrale, vient-il de débiter ses phrases ?... — demanda tout bas le commandant Bernard à Olivier et à Gerald.

— Je n'y comprends rien, mon oncle ; je suis comme vous, très étonné que ce Monsieur vienne rappeler ici... et à ce moment, la proposition que l'on m'a faite !

—Cela ne peut avoir d'autre inconvénient, — répondit Gerald en souriant, — que de rendre ta chère Ernestine encore plus éprise de toi en apprenant ce que tu as sacrifié à ton amour pour elle...

— Et c'est justement l'espèce de retentissement donné à une action si simple, qui me contrarie beaucoup... — reprit Olivier.

— Et tu as raison, mon enfant, — ajouta le vieux marin. — On fait ces choses-là pour soi... et pas pour les autres. — Puis s'adressant au duc de Senneterre, — dites donc, monsieur Gerald, ce brave petit bossu qui est à côté du notaire, est le marquis dont vous m'avez parlé, n'est-ce pas?

— Oui, mon commandant.

— C'est drôle, il a parfois l'air malin comme un singe, et parfois bon comme un enfant... Tenez, maintenant, avec quelle douceur il regarde mademoiselle Herminie!

— M. de Maillefort est un cœur comme le vôtre, mon commandant, c'est tout dire.

—Silence, Gerald, — dit tout bas Olivier; — le notaire se lève, il va lire ton contrat.

— C'est pour la forme, — dit Gerald; — car, au fond, peu importe ce contrat; les véritables conditions de notre amour, nous les avons réglées de cœur à cœur avec Herminie.

Le mouvement d'attention et de curiosité, excité par l'interpellation de M. de la Rochaiguë, étant calmé, le notaire commença la lecture des contrats de mariage d'Herminie et de Gerald.

Lorsque, après les préliminaires d'usage, le *garde-notes* arriva à l'énonciation des noms, prénoms et qualités des époux, M. de Maillefort lui dit en souriant et d'un air d'intelligence :

— Monsieur, passons, passons... si vous le voulez bien, nous savons les noms, et arrivons au point important, aux réglements des questions d'intérêt entre les deux époux.

— Soit, monsieur le marquis, — répondit le notaire, et il continua :

« — Il est convenu par le présent contrat,
« que lesdits époux sont et seront séparés
« de biens, quant à ceux qu'ils possèdent et
« ceux qu'ils pourraient posséder un jour. »

— C'est vous, ma chère enfant, — dit le marquis à Herminie, en interrompant le notaire, — qui, lorsque je vous ai expliqué hier les différents modes qui régissaient les questions d'intérêt entre les époux, avez insisté pour que la séparation de biens eût lieu, et cela par un sentiment d'extrême délicatesse, car, ne possédant rien, que le beau talent dont vous avez si honorablement vécu jusqu'ici, vous avez absolument refusé la communauté de biens et les avantages que M. de Senneterre eût été si désireux de vous voir accepter.

Herminie baissa les yeux en rougissant et répondit :

— Je suis presque certaine, Monsieur, que M. de Senneterre excusera et comprendra mon refus.

Gerald s'inclina respectueusement tandis que Berthe, sa jolie sœur, disait tout bas à sa mère :

—Comme les sentiments de mademoiselle

Herminie sont bien d'accord avec sa charmante figure si noble, si distinguée! n'est-ce pas maman?

— Certainement... oh! certainement, — répondit madame de Senneterre avec distraction, car elle se disait à part soi : — avec ces belles délicatesses-là, ma belle-fille, ignorant que le marquis l'avantage énormément, n'en sera pas moins séparée de biens avec mon fils ; mais bah !... elle l'aime tant, que lorsqu'elle se saura riche elle reviendra sur cette disposition.

Le notaire poursuivit :

« Il est convenu et entendu que les enfants
« mâles qui pourront naître dudit mariage,
« joindront, eux et leurs descendants, à leur

« nom de *Senneterre* celui de *Haut-Martel.*
« Cette clause a été consentie par lesdits
« époux, à la demande de Louis-Auguste,
« marquis de Maillefort, prince-duc de
« Haut-Martel. »

Herminie ayant fait un mouvement de surprise, le bossu lui dit en regardant Gerald :

— Ma chère enfant, ceci est un petit arrangement de vanité nobiliaire, auquel Gerald a donné son approbation, certain que vous ne verrez aucun inconvénient à ce que votre fils porte, joint à son illustre nom... le nom d'un homme qui vous regarde et qui vous aime comme sa fille.

Un touchant regard d'Herminie, empreint de reconnaissance et de respectueuse tendresse, répondit au bossu, qui dit au notaire :

— Cet article est le dernier du contrat ?

— Oui, Monsieur le marquis.

— Nous pourrons lire maintenant le contrat de mademoiselle Ernestine, — reprit le bossu, l'on signerait ensuite les deux contrats.

— Certainement, Monsieur le marquis, — répondit le notaire.

— A notre tour, mon garçon, dit tout bas le commandant Bernard à son neveu, — quel dommage de ne pouvoir mettre dans ce contrat que je vous donne, à cette chère enfant et à toi, une bonne petite fortune.... Mais, hélas! mon pauvre ami, ajouta le vieux marin, d'un air à la fois souriant et attristé, — tout ce que je vous laisserai jamais... après moi, ce sera la bonne vieille maman Barbançon... Merci du cadeau de noces... n'est-ce pas?

— Allons, mon oncle, pas de ces idées-là...

— Et dire que nous sommes trop pauvres pour lui offrir, à cette chère Ernestine, le moindre petit présent de fiançailles; j'avais pensé à vendre nos six couverts d'argent; mais madame Barbançon n'a pas voulu, disant que ta femme aimerait mieux un peu d'argenterie que des affiquets.

— Et madame Barbançon avait bien raison, mon oncle; mais silence... écoutez.

En effet, le notaire, prenant le second contrat, dit tout haut:

— Nous allons passer aussi les noms ?

— Passez... passez, dit le marquis.

— J'arrive au seul et unique article concernant le réglement des questions d'intérêt entre les deux époux.

— Ça ne sera pas long, — dit tout bas le commandant Bernard.

— Monsieur, — reprit Olivier en souriant, — permettez-moi de vous interrompre ; cet article du contrat me paraît superflu, car, j'ai eu l'honneur de vous le dire hier, je ne possède rien que mon traitement de sous-lieutenant, et mademoiselle Ernestine Vert-Puits ne possède rien non plus que son état de brodeuse.

— Cela est vrai, Monsieur, — reprit le notaire en souriant à son tour ; — mais cependant, comme il faut se marier sous un régime quelconque, j'ai cru pouvoir adopter celui dont je vous parle, parce qu'il est le plus simple,.... et insérer au contrat que vous vous mariez en communauté de biens avec mademoiselle Ernestine-Vert-Puits.

— Alors, il eût été plus régulier de dire que nous nous marions en communauté de *non-biens*, — reprit gaîment Olivier; — mais c'est égal, puisque c'est l'usage nous acceptons la clause, n'est-ce pas, Mademoiselle Ernestine ?

— Certainement, monsieur Olivier, — reprit mademoiselle de Beaumesnil.

— Allons, monsieur le notaire, — reprit le jeune homme en riant, — c'est entendu, moi et mademoiselle Ernestine nous mettons tous nos biens en commun... tous sans exception, depuis mon épaulette de sous-lieutenant, jusqu'à son aiguille de brodeuse, donation complète, mutuelle !

— Et il n'y aura pas de difficultés pour le partage, — dit tout bas le commandant Bernard en soupirant. — Ah !... je n'ai jamais eu envie d'être riche, si ce n'est aujourd'hui !

— Il est donc entendu que l'article relatif à la communauté de biens, subiste au contrat, — reprit le notaire, — je poursuis :

« Lesdits époux se marient sous le régime
« de la communauté de biens, et se font une
« donation mutuelle, et complète de tous les
« biens mobiliers, immobiliers et autres va-
« leurs quelconques, qu'ils pourraient pos-

« séder un jour, de leur chef ou par héri-
« tage. »

— Des héritages ! pauvres enfants ; ma croix et ma vieille épée... voilà ce qu'ils ont à attendre de moi, monsieur Gerald, — dit tout bas le vétéran au duc de Senneterre.

—Bah ! mon commandant, — reprit gaîment Gérald, — qui sait ?

Pendant que le vieux marin, ne partageant pas l'espérance de Gerald, secouait mélancoliquement la tête, le notaire reprit, en s'adressant à Ernestine et à Olivier :

— Cette rédaction vous paraît convenable, Mademoiselle, et à vous aussi, Monsieur ?

— Je suis d'avance de l'avis de M. Olivier

à ce sujet, — dit mademoiselle de Beaumesnil.

— Je trouve la rédaction parfaite, monsieur le notaire, — dit Olivier toujours gaîment, — et je vous certifie que de votre vie vous n'aurez inséré, dans un contrat, une clause moins sujette à contestation que celle-là.

— Maintenant, — reprit gravement le notaire en se levant, — nous allons procéder à la signature des contrats.

Madame de Senneterre, ayant profité de ce mouvement général, s'approcha de M. de la Rochaiguë, et lui dit, sortant à peine de sa stupeur :

—Ah çà ! mon cher baron, pourriez-vous me dire ce que cela signifie ?

— Quoi donc! madame la duchesse?

— L'imbroglio qui se joue ici.

— Madame la duchesse, cet imbroglio a failli me rendre fou.

— Mais ce M. Olivier croit donc que mademoiselle de Beaumesnil est brodeuse?

— Oui, madame la duchesse.

— Mais comment vous a-t-il refusé la proposition que vous lui avez faite?

— Parce qu'il en aimait une autre, Madame la duchesse.

— Quelle autre?

— Ma pupille.

— Quelle pupille?

—Mademoiselle de Beaumesnil.

Répondit le baron, avec une joie féroce, et ravi de rendre à autrui la torture que lui avait fait subir le marquis.

— Monsieur le baron, reprit arrogamment la duchesse de Senneterre, en toisant M. de la Rochaigue, — est ce que vous prétendez vous moquer de moi ?

— Madame la duchesse ne peut pas présumer que... je sois capable de m'oublier à ce point.

— Mais alors, Monsieur, que signifie cet imbroglio ? Encore une fois, comment se fait-il que M. Olivier vienne répéter ici qu'il a refusé la main de mademoiselle de Beaumesnil, et que cependant il soit prêt à signer son contrat de mariage avec elle; et puis, qu'est-ce que c'est que ce roman de mademoiselle de Beaumesnil, brodeuse ?

—Madame la duchesse, j'ai promis le secret à M. de Maillefort, veuillez vous adresser à lui, il n'a pas son pareil pour dire le mot des énigmes.

Madame de Senneterre, désespérant de rien apprendre du baron, s'approcha de M. de Maillefort et lui dit :

—Eh bien ! marquis, saurai-je, à la fin ?

—Dans cinq minutes, ma chère duchesse, vous allez tout apprendre, — répondit le bossu.

Et il alla dire quelques derniers mots à l'oreille du notaire.

XI

Les assistants à la signature du contrat s'approchèrent de la table où étaient déposés les deux actes, et mademoiselle de Beaumesnil dit tout bas à Herminie avec un accent d'inquiétude :

— Hélas! mon amie... ma sœur... voilà le

moment décisif, tout va se découvrir ; que va penser, que va faire M. Olivier? Je serais sous le coup de la révélation de je ne sais quelle faute commise par moi, que je ne me sentirais pas plus inquiète...

— Courage... Ernestine, — répondit Herminie, — ayez toute confiance dans M. de Maillefort.

Si Ernestine éprouvait quelque crainte au sujet des scrupules d'Olivier, le bossu n'était pas plus rassuré au sujet de la susceptibilité d'Herminie qui, à cette heure, ignorait encore qu'elle était portée au contrat comme fille adoptive du marquis de Maillefort, prince-duc de Haut-Martel.

Ce fut donc avec un certain serrement de

cœur que le bossu s'approcha de la jeune fille et lui dit :

— C'est à vous de signer, mon enfant.

Le notaire présenta la plume ; la jeune fille la prit, et, d'une main tremblante de bonheur et d'émotion, elle signa :

HERMINIE.

— Eh bien ! mon enfant, — lui dit M. de Maillefort, qui l'avait regardée écrire, et qui la vit sur le point de remettre la plume au notaire, — pourquoi vous arrêter ainsi ?

— Et comme sa protégée le regardait, muette de surprise, le bossu poursuivit :

— Sans doute... continuez donc... et signez : *Herminie de Maillefort.*

— Ah! je comprends tout maintenant, — dit Gerald à sa mère, avec une émotion profonde, — M. de Maillefort est le meilleur, le plus généreux des hommes.

Herminie, qui avait continué de regarder le bossu sans trouver une parole, lui dit enfin :

— Mais, Monsieur... je ne saurais signer... *Herminie de Maillefort*... ce nom...

— Mon enfant, — reprit le bossu d'une voix touchante, — ne m'avez-vous pas dit bien souvent que vous ressentiez pour moi une affection toute filiale?

— Sans doute, Monsieur...

— N'avez-vous pas cru — continua le bossu — ne pouvoir mieux m'exprimer votre reconnaissance qu'en me disant que je vous témoignais la sollicitude d'un père?

— Oh! oui, Monsieur, du père le plus tendre... s'écria la jeune fille avec effusion.

— Eh bien! alors, — dit le marquis en souriant avec une bonhomie charmante, — qu'est-ce que cela vous fait, de porter mon nom? Vous m'avez déjà promis que, si vous aviez un fils, il le porterait, ce nom... N'êtes-vous pas, d'ailleurs, par le cœur, par votre attachement pour moi... par ma tendresse pour vous, mon enfant d'adoption?... Pourquoi ne signeriez-vous pas ce contrat comme ma fille adoptive?...

— Moi, Monsieur? — dit Herminie, qui ne pouvait croire encore à ce qu'elle entendait, — moi, votre fille adoptive?..

— Eh bien! oui... Sachez enfin mon orgueil... je me suis vanté de cela... je vous ai fait même désigner ainsi dans le contrat.

— Monsieur... que dites-vous?...

— Voyons, — ajouta le bossu, les larmes aux yeux et avec un accent irrésistible, — croyez-vous que j'aie légitimement gagné le glorieux bonheur de pouvoir dire à tous : *c'est ma fille*... refuserez-vous enfin d'honorer encore, en le portant... un nom toujours respecté?

— Ah! Monsieur, — dit Herminie ne pouvant à son tour retenir ses larmes, — tant de bonté...

— Eh bien! alors, signez donc, méchante enfant, — dit le marquis en souriant, les larmes aux yeux, — sinon l'on s'imaginerait peut-être qu'une belle et charmante créature comme vous a honte d'avoir pour père adoptif un pauvre petit bossu comme moi.

— Ah! cette pensée! — dit vivement Herminie...

— Eh bien! alors, signez, signez... vite, — jouta le marquis.

Et, par un mouvement rempli d'affection, il prit la main d'Herminie comme pour guider sa plume, et, s'approchant ainsi d'elle, il lui dit sans que personne l'entendît :

— Enfin... celle que nous regrettons... ne m'a-t-elle pas dit : soyez un père pour ma fille?

Tressaillant à ce souvenir de sa mère,

étourdie par cette proposition si inattendue, vaincue enfin par l'attendrissement, par la surprise, par sa reconnaissance pour le marquis, la jeune fille, d'une main tremblante d'émotion, signa au contrat :

HERMINIE DE MAILLEFORT.

La jeune artiste ignorait qu'elle acceptait et consacrait ainsi la généreuse donation du bossu, dont elle ne connaissait pas la fortune considérable.

Le commandant Bernard se sentit si ému de cette scène, qu'il s'approcha du bossu et lui dit :

— Monsieur, je suis ancien officier de marine et oncle d'Olivier. Je n'ai l'honneur de vous connaître... que par tout le bien que

M. Gerald m'a dit de vous... et par l'appui que vous avez bien voulu lui prêter pour faire nommer Olivier officier... Mais ce que vous venez de faire pour mademoiselle Herminie, montre un cœur si généreux, qu'il faut que vous me permettiez de vous serrer la main.

— Et bien cordialement, je vous l'assure, Monsieur, — répondit le marquis en répondant à l'avance amicale du vétéran ; — je n'avais non plus l'honneur de vous connaître, que par tout le bien que mon brave Gerald, l'ami intime de M. Olivier, m'avait dit de vous... je savais les avis remplis de haute raison et de délicatesse que vous aviez donnés à Gerald, lorsqu'il s'est agi de son mariage avec mademoiselle de Beaumesnil, et comme les gens de cœur sont rares, Monsieur... c'est une bonne fortune pour moi que de me rapprocher de vous... Cette bonne fortune ne pouvait d'ailleurs me manquer. — ajouta le bossu en souriant, — car vous aimez Ernestine et Olivier comme j'aime Herminie et Gerald ; aussi, je vous demande un peu la bonne vie que nous allons mener avec ces deux jeunes et charmants ménages.

— Pardieu ! Monsieur, vous me rendez bien heureux, dit le vétéran ; — alors, je vous verrai souvent... car je suis décidé à ne pas quitter Olivier et sa femme.

— Et moi, à vivre avec mes enfants, Gerald et Herminie, et comme nos deux chères filles s'aiment en sœurs...

— Elles ne se sépareront pas non plus, — dit le commandant, — et alors...

— Nous vivrons tous en famille, — ajouta le bossu.

— Tenez, Monsieur, — s'écria le vétéran, — si j'avais été dévôt, le diable m'emporte! si je ne dirais pas que c'est le paradis que le bon Dieu m'assure pour mes vieux jours.

— Allez, Monsieur Bernard, tous les honnêtes gens sont de la même religion; celle du cœur et de l'honneur; c'est la vraie, c'est la bonne. Mais dépêchons, ces deux pauvres enfants meurent d'impatience de signer leur contrat à leur tour...

— C'est vrai! dit le commandant.

Et s'adressant à Ernestine :

— Allons, Mademoiselle, écrivez vite au bas de ce bout de papier ce nom qui va me donner le droit de vous appeler ma fille... quoique je vous doive la vie, — ajouta gaîment le vieux marin, — car entre nous deux c'est toujours le monde renversé... ce sont les filles qui donnent la vie aux pères.

Ernestine prit la plume des mains du notaire avec une angoisse inexprimable, que partageaient, pour des motifs différents, tous les acteurs de cette scène, à l'exception d'Olivier et du commandant Bernard.

Ernestine signa donc au contrat :

Ernestine Vert-Puits de Beaumesnil.

Puis elle offrit, d'une main tremblante, la plume à Olivier.

Celui-ci s'empressa de signer avec un bonheur indicible...

Mais à peine avait-il tracé son prénom d'*Olivier*, que la plume s'échappa de sa main, et il resta un instant penché sur la table... muet, immobile de stupeur... se croyant le jouet d'une illusion, en lisant au-dessus de son nom, qu'il venait de commencer d'écrire, cette signature :

Ernestine Vert-Puits de Beaumesnil.

La cause de la surprise d'Olivier était si prévue par la plupart des assistants, que tous gardèrent, pendant quelques instants, un profond silence.

Le commandant Bernard, seul, éleva la voix et dit à son neveu :

— Eh bien ! mon garçon... que diable as-tu ? ne sais-tu plus signer ton nom ?

Puis, le vieux marin, encore plus étonné du silence des autres personnes, les interrogea du regard ; mais, sur toutes ces physionomies, et notamment sur celles d'Ernestine et d'Herminie, il remarqua une expression grave, inquiète.

Le vétéran, pressentant alors quelque sérieux incident, dit à son neveu :

— Olivier... mon enfant... qu'y a-t-il ? qui t'empêche de signer ?...

— Lisez ce nom... mon oncle, — répondit le jeune homme en indiquant d'un doigt tremblant la signature d'Ernestine :

— *Ernestine Vert-Puits de Beaumesnil.*

S'écria le vieillard, approchant le contrat de ses yeux, comme s'il ne pouvait croire à ce qu'il voyait; puis il reprit, en se tournant alors vers Ernestine :

— Vous... Mademoiselle... vous... mademoiselle de Beaumesnil?

— Oui... Monsieur, — dit gravement M. le baron de la Rochaiguë; — moi, tuteur de mademoiselle de Beaumesnil, je déclare, je certifie, j'affirme que Mademoiselle est en effet ma pupile... et c'est pour cela que ma présence à son mariage était indispensable.

— Mademoiselle... — dit Olivier à Ernestine d'une voix altérée et en devenant très pâle, — excusez ma stupeur... toutes les personnes présentes... ici la comprendront...

Vous... mademoiselle... de Beaumesnil!... Vous... que j'ai crue pauvre et abandonnée... parce que vous me l'avez dit... Mais alors, quel était le but de cette feinte?

Ernestine, voyant l'expression pénible des traits d'Olivier, sentit son cœur se briser, ses larmes coulèrent, et elle ne put prononcer que ces mots, en joignant ses mains d'un air suppliant :

— Pardon!... monsieur Olivier!... pardon!.....

Il y avait une candeur si touchante dans ces seuls mots de la pauvre enfant, s'excusant, avec cette adorable naïveté, d'être *la plus riche héritière de France*, que tous, jusqu'au baron et à madame de Senneterre, furent délicieusement attendris; Olivier lui-même sentit les larmes lui venir aux yeux.

M. de Maillefort comprit qu'il était temps de poser nettement les faits et de détruire jusqu'aux moindres scrupules d'Olivier, car le bossu voyait clairement que le jeune homme, à bon droit étonné du mystère étrange dont mademoiselle da Beaumesnil s'était jusqu'alors entourée à son égard, souffrait cruellement de la lutte que se livraient son amour et son ombrageuse délicatesse.

— Veuillez, monsieur Olivier, et vous aussi, monsieur le commandant Bernard, me prêter quelques moments d'attention, — dit le marquis; — et vous allez savoir le mot d'une énigme qui doit vous surprendre et vous inquiéter... Mademoiselle de Beaumesnil, orpheline, immensément riche, ignorant d'abord, dans sa candeur, les passions cupides qui s'agitaient autour d'elle, eut foi à des louanges exagérées, à des démonstrations affectueuses, qui cachaient des projets intéressés ; lorsqu'un jour, un ami de sa mère, ne pouvant malheureusement faire plus, a du moins averti mademoiselle de Beaumesnil, que, autour d'elle... tout était mensonge, flatterie, avidité, bassesse... et que, si elle était le prétexte des empressements qu'on lui témoignait, son énorme fortune en était le seul motif ; cette révélation fut terrible pour mademoiselle de Beaumesnil ; dès-lors obsédée par la crainte de n'être jamais *aimée que pour ses richesses...* elle trouva bientôt insupportable cette défiance de tout et de tous... Aussi, sans appui, sans conseil, mademoiselle de Beaumesnil résolut courageusement de savoir enfin sa valeur réelle. Cette appréciation devait lui servir à mesurer la sincérité des adulations dont on la poursuivait. Mais, cette vérité, comment la savoir? Un seul moyen restait à mademoiselle de Beaumesnil : se dépouiller du prestige qui entourait la riche héritière, se donner, dans un monde où elle était inconnue, pour une pauvre orpheline, vivant de son travail, etc...

— Oh! assez, Monsieur... assez... — s'écria Olivier avec un accent d'admiration profonde, — je devine tout maintenant... Quel courage!...

— Elle a fait cela! — s'écria le commandant Bernard, en joignant les mains par un mouvement d'adoration. — Mais elle a donc toutes les vaillances ! Braver une si pénible épreuve ! se jeter sous une roue pour m'empêcher d'être broyé...

— Vous entendez votre oncle... monsieur Olivier, — dit le marquis. — Quelle que soit, à cette heure, la position de mademoiselle de Beaumesnil, n'avez-vous pas toujours à acquitter envers elle une dette de reconnaissance ?

— Ah ! Monsieur, — s'écria Olivier, — cette dette... cause sacrée de l'affection la plus vive... j'espérais l'acquitter en offrant à mademoiselle de Beaumesnil de partager mon sort un peu moins malheureux que le sien... car je la croyais pauvre et abandonnée... Mais, à présent... je...

— Un dernier mot, monsieur Olivier, —

dit vivement le marquis en interrompant le jeune homme, — mademoiselle de Beaumesnil et moi nous connaissions et nous respections votre orgueilleuse susceptibilité. Aussi, pour vous épargner le moindre sujet de reproche envers vous-même, nous étions convenus avec M. de la Rochaiguë, ici présent, de vous mettre dans l'alternative de manquer à une promesse sacrée, faite à une jeune fille que vous croyiez bien malheureuse, ou de refuser la main de mademoiselle de Beaumesnil... Vous êtes noblement sorti de cette épreuve, si dangereuse pour tout autre; vous avez sacrifié un mariage fabuleusement riche, à votre affection pour la pauvre petite brodeuse. Quelle plus grande preuve de désintéressement pourrez-vous jamais donner?

— Aucune... — dit le commandant Bernard. — Je suis plus jaloux que personne de l'honneur d'Olivier ; aussi, je lui dirai que, s'il est honteux d'épouser une femme pour son argent, il ne faut pas non plus, lorsqu'on aime sincèrement la meilleure des créatures, refuser de tenir un engagement d'honneur... d'acquitter une dette sacrée... parce que cette adorable enfant se trouve avoir un jour beaucoup d'argent. Eh pardieu ! mon brave Olivier, suppose que mademoiselle Ernestine, pauvre hier, a hérité ce matin d'un parent archi-millionnaire au *Monomotapa*, et que tout soit dit ; que diable ! il ne faut pas non plus que ce malheureux tas de millions soit un trouble-fête !

— Oh ! merci ! monsieur Bernard, — s'écria Ernestine en se jetant au cou du vieux marin, dans un élan d'expansion filiale, — merci... de ces bonnes paroles... auxquelles M. Olivier ne trouvera rien à répondre.

— Je l'en défie bien, — dit Gerald en prenant la main de son ami avec émotion. — En un mot, mon bon Olivier, rappelle-toi ce que tu me disais il y a quelques mois, lorsqu'il était question de mon mariage avec mademoiselle de Beaumesnil.

— Et puis enfin, — dit à son tour Herminie, — n'est-ce pas toujours Ernestine, la pauvre petite brodeuse, que vous et moi, monsieur Olivier, nous avons tant aimée ?

— Tenez, Monsieur, — ajouta madame de Senneterre, — le désintéressement dont vous avez fait preuve en refusant l'offre de M. de la Rochaiguë me frappe tellement, que vous aurez beau vous marier avec mademoiselle de Beaumesnil, vous serez toujours dans ma pensée, celui qui a refusé *la plus riche héritière de France*, pour épouser une pauvre fille sans nom et sans fortune.

Olivier, pour ainsi dire accablé sous des preuves d'estime et de sympathie, si diverses dans leur sincérité, éprouvait cependant encore une secrète humiliation de partager, lui si pauvre, l'immense fortune de mademoiselle de Beaumesnil; aussi reprit-il :

— Je sais que je n'ai pas le droit de me montrer, en ce qui touche la délicatesse et l'honneur, plus exigeant que les personnes qui m'entourent ; je sens que ce que je viens d'apprendre de mademoiselle de Beaumesnil, ne fait qu'augmenter, s'il est possible, mon respect, mon dévoûment pour elle, et cependant...

Le marquis interrompit Olivier, et allant au-devant de sa pensée :

— Un mot encore, monsieur Olivier ; vous éprouvez une sorte d'humiliation à partager la grande fortune de mademoiselle de Beaumesnil ; cette humiliation, je la comprendrais, si vous ne deviez voir dans les biens immenses que vous apporte Ernestine, qu'un moyen de vous livrer à une oisiveté prodigue et stérile... de mener une vie de luxe et de dissipation, aux dépens de votre femme... Oh! alors, oui, honte! ignominie! pour ceux qui contractent de ces ignobles marchés!... Mais tel ne doit pas être votre avenir, monsieur Olivier... tel ne doit pas être non plus le vôtre, Gerald... car vous ignorez, et Herminie... ma fille... ma chère fille... ignore aussi que, sans lui donner une fortune en rien comparable à celle d'Ernestine, je lui assure, de mon vivant, environ cinquante mille écus de rentes, dont je viens d'hériter en Allemagne...

— A moi, Monsieur, une telle fortune! — s'écria Herminie. — Oh! jamais... jamais... Je vous conjure de...

— Ecoutez-moi, mon enfant, — dit le bossu en interrompant la jeune fille; — écoutez-moi aussi, Monsieur Olivier... Ernestine, dans quelques pages touchantes que vous lirez un jour... pages écrites sous l'invocation de la mémoire de sa mère, a tracé, dans l'adorable candeur de son âme, ces mots que je n'oublierai jamais :

— *J'ai trois millions de rentes!*

Tant d'argent à moi seule! Pourquoi cela?

Pourquoi tant à moi, rien aux autres?

Mais c'est donc une GRANDE INIQUITÉ *que l'héritage?*

Cette fortune immense... comment l'ai-je gagnée?

Hélas! par votre mort! ô ma mère! ô mon père!...

Ainsi, pour que je sois si riche, il faut que j'aie perdu les deux êtres que je chérissais le plus au monde!

Pour que je sois riche, peut-être faut-il qu'il y ait des milliers de jeunes filles, comme Herminie, toujours exposées à la détresse, malgré une vie laborieuse et irréprochable...

— Oh! — ajouta le marquis avec une animation croissante, — dans ce généreux cri d'un cœur ingénu, dans ces paroles naïves, comme la vérité qui sort de la bouche d'un enfant... il y a toute une révélation... Oui, vous dites vrai, Ernestine, *l'héritage est une grande iniquité...* lorsqu'il perpétue la dégradation et les vices d'une vie oisive et blasée... oui, *l'héritage est un fléau,* lorsqu'il soulève... et excite les exécrables passions dont vous avez failli être victime, pauvre chère enfant ! oui, *l'héritage est sacrilége,* lorsqu'il concentre dans des mains égoïstes d'immenses richesses qui pourraient donner des moyens d'existence et de travail à des milliers de familles... mais aussi l'héritage peut quelquefois s'ennoblir jusqu'au sacerdoce... si l'héritier pratique avec ardeur *les devoirs sacrés, imprescriptibles, que l'humanité impose à celui qui possède, envers ceux qui ne possède pas;...* oui, l'héritage devient un sacerdoce si le détenteur d'incalculables moyens d'action, consacre sa vie entière à les appliquer à l'amélioration morale et matérielle de tous ceux que la société déshérite en faveur de quelques privilégiés ; et maintenant, — reprit le bossu, avec une émotion profonde, en prenant la main d'Herminie et d'Olivier, — dites, mes enfants, voyez-vous de l'humiliation, de la honte, vous pauvres, hier, à devenir riches, selon ces principes de fraternité humaine ? Reculerez-vous devant cette sainte et souvent difficile mission, qu'il faut accomplir chaque jour avec le dévoûment le plus éclairé, si l'on veut se faire pardonner cette exhorbitante inégalité qu'Ernestine dans sa noble candeur, caractérisait en disant :

Pourquoi tout à moi, rien aux autres ?

— Ah ! Monsieur, — s'écria Olivier avec enthousiasme, — pourquoi la fortune de mademoiselle de Beaumesnil n'est-elle pas plus immense encore !

Et reprenant la plume d'une main tremblante de bonheur et de joie, le jeune homme signa au bas du contrat :

Olivier Raimond.

— Enfin ! — dirent Ernestine et Herminie en se jetant dans les bras l'une de l'autre.

. . . .

Au moment où M. de Maillefort allait monter en voiture avec Herminie, qu'il emmenait, car elle devait dès-lors habiter chez son père adoptif, M. Bouffard, en proie à une curiosité désespérée, apparut inopinément aux yeux du bossu.

— Parbleu, cher Monsieur Bouffard, — dit le marquis à l'ex-épicier, — je suis ravi de vous rencontrer ; l'on a bien raison de dire que la Providence emploie quelquefois les plus singuliers moyens pour arriver à ses fins, car vous êtes un de ces très singuliers moyens, cher Monsieur Bouffard.

— Monsieur le marquis est trop honnête, — reprit M. Bouffard, en écarquillant les yeux sans rien comprendre aux paroles du marquis.

— Savez-vous une chose, cher Monsieur Bouffard ? C'est que, sans votre impitoyable avidité de propriétaire, mademoiselle Herminie, ma fille adoptive, ne serait peut-être pas à cette heure DUCHESSE DE SENNETERRE.

— Comment? Mademoiselle... Comment? *ma pianiste*... fille d'un marquis et duchesse de Senneterre... — balbutia M. Bouffard abasourdi, pendant que le bossu et la jeune fille montaient dans un brillant coupé, qui les emporta rapidement.

> . . . .

Quelque temps après la signature du contrat, *les personnes du monde*, ainsi qu'on dit, recevaient ces deux billets de faire-part :

Monsieur le baron de la Rochaiguë a l'honneur de vous faire part du mariage de Mademoiselle ERNESTINE DE BEAUMESNIL, *sa pupille avec Monsieur* OLIVIER RAIMOND.

Monsieur le marquis de Maillefort, prince-duc de Haut-Martel, a l'honneur de vous faire part du mariage de Mademoiselle HERMINIE DE MAILLEFORT, *sa fille adoptive, avec Monsieur le duc* GERALD DE SENNETERRE.

FIN.

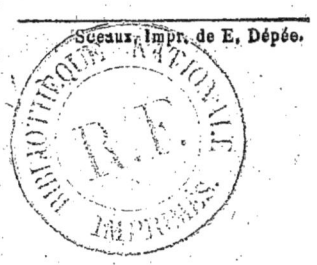

Sceaux, Impr. de E. Dépée.

ŒUVRES D'EUGÈNE SUE.

	vol. in 8
Martin, l'Enfant trouvé	12
Le Juif errant	10
Les Mystères de Paris	10
Mathilde	6
Deux Histoires	2
Le Marquis de Létorière	1
Deleytar	2
Jean Cavalier	4
Le Morne au Diable	2
Thérèse Dunoyer	2
Latréaumont	2
La Vigie de Koat-Ven	4
Paula Monti	2
Le Commandeur de Malte	2
Plick et Plock	1
Atar-Gull	2
Arthur	4
Coucaratcha	3
La Salamandre	2
L'Orgueil (la Duchesse)	6

SOUS PRESSE :

L'Envie	»
La Colère	»
La Luxure	»
La Paresse	»
L'Avarice	»
La Gourmandise	»

Paris. — Imp. Lacrampe fils et Comp., rue Damiette.

www.ingramcontent.com/pod-product-compliance
Lightning Source LLC
Chambersburg PA
CBHW060505170426
43199CB00011B/1333